FREDY KNIE JUN.
MEIN LEBEN—
MEINE PFERDE

In Erinnerung an meine Eltern –
mit liebem Dank an
Mary-José, Géraldine und Maycol,
Ivan und Chanel

Mein Leben

05 Eine Vorbemerkung zu diesem Buch
06 Ein Grusswort aus der Romandie
07 Geleitwort

Mit Menschen ...
08 Vierte und fünfte Generation
09 Vorhang auf für die Familie Knie.
 Die sechste bis achte Generation.
10 Fredy Knie jun. mit der siebten Generation
11 Fredy Knie jun. mit der achten Generation

Episoden aus der Familiengeschichte
12 Mary-José Knie
16 Géraldine Katharina Knie
21 Maycol Errani
22 Ivan Frédéric
28 Chanel Marie
30 Rolf Knie jun.
32 Fredy Knie jun. und Franco Knie sen.

Generationengeschichten
34 Margrit Knie-Lippuner (1897–1974)
36 Fredy Knie sen. (1920–2003)
38 Pierrette Knie-Du Bois (1921–2013)
40 Lotti Nock (geboren 1928)
41 Das Familienunternehmen Knie
 und seine Angestellten
42 Fünf Themen für Generationen:
 «Doppel»
 «Pas de deux»
 «Ungarische Post»
 «Gross und Klein»
 «Karussell»

Abenteuer und Entscheidungen
48 Auch ein Zirkusmann absolviert die RS
50 Reise in eine fremdartige Welt
51 Alois Podhajsky, ein Vorbild

Prominente Persönlichkeiten im Hause Knie
52 Grusswort von Prinzessin Stéphanie
 von Monaco
54 Prinzessin Stéphanie von Monaco
 und das Festival international du cirque
 de Monte-Carlo
56 Prominente

... und Tieren
62 Tauben und Tiger
66 Parzi – ein Ausnahmepferd
70 Weltpremiere: Ein Nashorn in der Manege
75 Umsorgt und gut aufgehoben:
 Veteranen im Rapperswiler Winterstall
76 Tiere im Zirkus

... und besonderen Künstlern
79 Charlie Chaplin
80 Hans Erni

Zu Gast im Circus Knie
85 Fred Roby
86 Dimitri
90 Kris Kremo
91 Mummenschanz
92 Emil
95 René Strickler
96 Pic
100 Anhui Acrobatic Troupe,
 Nanjing Acrobatic Troupe
101 Troupe Mongolia
102 Duo Fischbach
106 Karl's kühne Gassenschau
106 Flügzüg
108 Marie-Thérèse Porchet
111 Ursus & Nadeschkin
112 Massimo Rocchi
116 Viktor Giacobbo
120 Chaos-Theater Oropax
121 Starbugs
122 Gardi Hutter und Ueli Bichsel
123 Edelmais

Meine Pferde

- 126 «Lass das Pferd Pferd bleiben» von Professor Dr. Ewald Isenbügel
- 128 Allgemeines und Besonderes zum Wesen Pferd
- 132 Schritt, Trab, Galopp
- 134 Rangordnung akzeptiert
- 136 Steppenzebras – die wilden Verwandten

- **140 Das «Abc» – die Grundausbildung für Pferde im Circus Knie**
- 142 Longierarbeit
- 143 Anhalten, rückwärtslaufen
- 143 Dem Tierlehrer entgegenlaufen
- 143 Dem Tierlehrer hinterherlaufen
- 144 Cavaletti-Arbeit

- **146 Ausbildung von fortgeschrittenen Pferden**
- 148 Volte
- 150 Gegeneinanderlaufen
- 151 «Kopf über Hals»
- 152 Auf Postament stehen
- 153 Steigen
- 154 «Kompliment»
- 155 Liegen, sitzen
- 156 Hindernis überspringen
- 159 Pferd einreiten

- **160 Am langen Zügel**
- 162 Piaffe
- 164 Passage
- 166 Spanischer Schritt (oder «Marsch»)
- 168 Levade
- 170 Courbette
- 172 Kapriole

- **174 Hohe Schule**
- 176 Schulterherein und Traversale
- 178 Fliegender Galoppwechsel
- 179 Pirouette
- 180 Piaffe
- 182 Passage
- 184 Spanischer Schritt
- 186 Gestreckte Passage oder «Spanischer Trab»
- 187 Kapriole
- 188 Steigen unter dem Reiter

- 190 Hilfen – Hilfengebung
- 192 Kommunikation im Stall
- 194 Ernährung: Zur Abwechslung Karotten

- 198 Ein Tag im Leben eines Zirkuspferdes
- 202 Freiraum – jederzeit
- 204 Gefragt und geschätzt: die alljährliche Veranstaltung «Rund ums Pferd»
- 206 Rasse mal Klasse

- 210 Dank
- 211 Impressum, Bildnachweis

- 212 Chanel Marie Knie und Ivan Frédéric Knie

  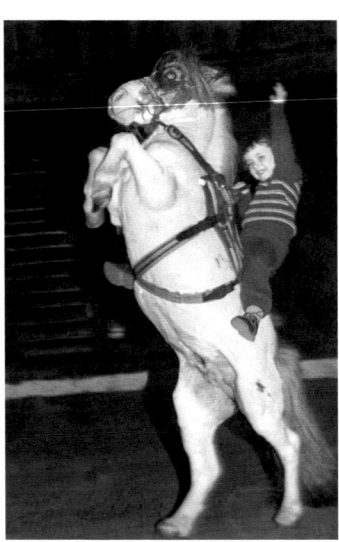

Eine Vorbemerkung zu diesem Buch

Die bunte Schar vielgestaltiger Zirkustiere, das heisst: aus Holz gefertigte Spielzeugfiguren, hatte meine kindliche Fantasie derart angeregt, ja beflügelt, dass ich die anderen Spielsachen kaum beachtete; die vertrauten Tiergestalten, Pferd und Elefant, Löwe und Giraffe, sind mir damals von Anbeginn ans Herz gewachsen. Allerdings: Der dazugehörige Stall war nach meinem persönlichen Empfinden entschieden zu klein. Die Tiere konnten sich darin nur schwerlich bewegen. Demnach errichtete ich rund um die Menagerie zusätzliche Flächen, die dem Wohl der vierbeinigen Freunde dienen sollten. Warum erzähle ich diese Kindheitserinnerung? Die Vorahnung, dass die Tierhaltung auf den landwirtschaftlichen Betrieben, aber auch in Zoos und Zirkusunternehmen, eine Wandlung erfahren wird, begleitete mich schon in jungen Jahren. Deshalb war und bin ich gegenüber innovativen Erkenntnissen und Entwicklungen stets aufgeschlossen, und ich mache mir keine Illusionen: Tierhaltende, die den besagten Übergang aktiv aufhalten und keine Verbesserungen initiieren wollen, werden für unliebsamen Gesprächsstoff sorgen.

Verbote allgemein, davon bin ich überzeugt, helfen wenig. «Tierliebe» nach Vorschrift, gleichsam zwangsverordnet, zeitigt, auf lange Sicht, keinen Erfolg, garantiert nicht umstandslos eine glückliche Tier-Mensch-Beziehung. Wer sich anschickt, mit gutem Beispiel voranzugehen, übt eine Vorbildfunktion aus, die eine viel breitere Wirkung erzielen kann als alle Bestimmungen, Gesetze und Erlasse. Diesem Credo hat sich schon 1938 mein Vater verschrieben – seither stehen im führenden Schweizer Zirkus Tür und Tor offen, damit Interessierte, wann immer sie wollen, unseren Tierproben beiwohnen können. Das Glaubensbekenntnis der fünften Generation verinnerlicht, konnte ich bislang meinen Erfahrungsschatz in der Ausbildung von unterschiedlichen Tierarten eigenverantwortlich ständig verfeinern und erweitern; ein Prozess des Verstehens, den Géraldine und Maycol, später auch meine Enkelkinder, hoffentlich, fortführen werden.

Die vorliegende Buchpublikation erinnert an die Begegnung mit der Vergangenheit, an mein Leben im Zirkus und dokumentiert darüber hinaus, wie der Umgang mit Pferden zu einer beidseitig gewinnbringenden Partnerschaft gestaltet werden kann. Die Aufzeichnungen mögen ein Ansporn sein für all jene, welche das eingegangene Verhältnis zu den ihnen anvertrauten Tieren täglich von Neuem kritisch hinterfragen.

Fredy Knie jun.

Ein Grusswort aus der Romandie

Lange Zeit bevor ich meine ersten Schritte in der Manege des Circus Knie machen durfte, ging es mir wie allen anderen: Ich kannte Fredy Knie. Viel später aber, als ich Fredy wirklich begegnet bin, wurde mir bewusst, dass ich ihn überhaupt nicht kannte!

Wenn man seine Persönlichkeit entdeckt, ist man tief beeindruckt, nicht nur von seiner Offenheit, sondern auch von seiner Arbeitskraft. Man kann nur staunen, wenn man sieht, wie er, unermüdlich, in seinem Zelt trainiert. Bei ihm gibt es weder Notizen noch eine Agenda, auch kein Blabla. Es gibt nur ihn als Menschen und seine Leidenschaft: die Pferde.

Hat man das Glück, hinter sein Kostüm zu blicken, entdeckt man einen grosszügigen Menschen, aufrichtig, offen und tolerant, verliebt in die Künstler und ausgesprochen humorvoll. Zudem ist bei ihm mit Schmeichelei gar nichts auszurichten. Fredy muss man nehmen, wie er ist. Und wenn einem das nicht passt, *tant pis* – dann halt nicht!

Der Circus Knie hat, wie jedes andere Unternehmen, seine Hierarchien. Doch Fredy betrachtet seine Leute nie aufgrund ihrer Funktion oder ihrer sozialen Stellung. Er ist mit allen gleich, nach innen wie nach aussen, ohne Unterschied. Das ist das Geheimnis des langen Bestehens seines Unternehmens: Er hat nie vergessen, woher er kommt, und er weiss, für wen er arbeitet: für das Publikum, für alle, ohne Ausnahme. Er versucht nicht, all seinen Zuschauern zu gefallen, er bietet ganz einfach das Beste von sich selbst.

Nach drei Tourneen mit dem Schweizer National-Circus glaube ich sagen zu können, dass es mir nicht mehr geht, wie allen anderen, denn heute kenne ich – ein wenig! – Fredy Knie.

Was für ein Glück!

Joseph Gorgoni
alias Marie-Thérèse Porchet

Geleitwort

Wer sich in der Unterhaltungsbranche für einen besonders erfahrenen Profi hält, wiederholt gerne die Phrase, dass das Arbeiten mit Tieren und Kindern zu den sehr schwer kalkulierbaren Wagnissen gehöre. Es ist klar warum: wegen deren Regieresistenz bzw. Unberechenbarkeit. Ich frage mich, ob schon jemand auf die Idee gekommen ist, Fredy Knie zu diesem Thema zu befragen – ihn, der selbst als Kind zusammen mit Tieren in der Zirkusmanege aufgetreten ist, in einer Showkategorie, deren rustikaler Livecharakter mancher Theaterbühne und bestimmt jedem Filmset überlegen ist. Er, der als Artist, Direktor und vor allem Pferdedresseur in über sechzig Zirkussaisons mindestens einmal täglich vor Tausenden von Zuschauern einen Showact geboten und dabei seine Tochter, den Enkel und viele andere Schüler ins Zirkusleben begleitet hat. So einer ist eben nicht «nur» Pferdeflüsterer, sondern auch Kinderflüsterer. Und nicht «nur» Tierfreund, sondern auch Menschenfreund.

Fredy Knie ist daher in seinem einzigartigen, mobilen, unsubventionierten Familien-Unterhaltungsunternehmen der Garant dafür, dass die unterschiedlichsten Lebewesen, die Artisten, die Requisiteure, die Techniker, die Familienmitglieder und die Tiere das beste Lebens- und Arbeitsumfeld vorfinden.

Im Grunde genommen führt Fredy Knie sein Unternehmen auf dieselbe verblüffend einfache Weise, wie er seine Pferde lenkt: verbal. Ausserhalb der Manege beschränkt sich sein digitales Equipment auf ein einfaches Handy, in das er nicht tippt, mit dem er nicht surft, das er ausschliesslich für Gespräche benutzt, erreichbar für alle zu fast jeder Tageszeit – ein Schreckensszenario für jeden Manager. Eine Agenda? Braucht er nicht, er hat alle Termine im Kopf. Während der Zirkusshow kommuniziert er ebenso direkt mit ruhiger Stimme, der seine bis zu dreissig vollblütigen Hengste ohne jeglichen Zwang voll vertrauen und so die Pferdedressurnummern performen, für die Knie weltberühmt ist.

Täglich Verantwortung übernehmen für Hunderte von Menschen und Tieren, regelmässig ein geschätzter 16-Stunden-Tag, Ferien ein unbekannter Begriff – das wäre für jeden andern Firmenchef ein klassisches Burn-out-Szenario. Doch davon ist Fredy Knie weit entfernt. Wer einmal mit dem Circus Knie eine Saison lang auf Tournee gewesen ist, lernt einerseits Fredys Humor kennen und anderseits, wie man auch einen anforderungsreichen Job mit Gelassenheit und Optimismus angehen kann.

Weil er Backstage ein unkomplizierter Kumpel ist und Minuten später der souveräne Direktor im Zirkusrund, ist es schwierig, den Privatmann Fredy Knie vom Berufsmann zu unterscheiden, denn privat ist er irgendwie immer. Da der Zirkus und die Pferde sein Leben sind, kann man keine Grenzen ziehen zwischen seiner privaten Leidenschaft und seinem Beruf, zwischen dem Chef und dem Freund, dem eleganten «Dompteur» im Frack und dem liebenswerten Patron einer der bekanntesten Familien der Schweiz.

Diese einmalige, reiche Erfahrung von mehr als sechs Jahrzehnten Zirkus und Pferdedressur ist nun in Wort und Bild in diesem Buch von Fredy Knie vereinigt: «Mein Leben – meine Pferde». Ein Buch, das ebenso treffend den Titel tragen könnte: «Meine Pferde – mein Leben».

Viktor Giacobbo

Mit Menschen ...

Vierte und fünfte Generation

Der Circus Knie besteht seit seiner Gründung im Jahre 1919 durch die vier Brüder Friedrich, Rudolf, Carl und Eugen Knie ununterbrochen als Familienunternehmen, seit 1934 als Gebrüder Knie, Schweizer National-Circus AG. Heute wird er von der sechsten Generation geleitet, mit Fredy Knie jun. als Artistischem Direktor und Franco Knie sen. als Technischem Direktor sowie Richard Schärer als Finanzdirektor. Die siebte und die achte Generation steht bereits aktiv in der Manege.

Vierte Generation: die vier Gründer des Circus Knie
Eugen Knie (1890–1955), Friedrich Knie (1884–1941), Carl Knie (1888–1940), Rudolf Knie (1885–1933)

Fünfte Generation
Rolf Knie sen. (1921–1997), Fredy Knie sen. (1920–2003)

Vorhang auf für die Familie Knie. Die sechste bis achte Generation

Seit fünf Generationen arbeiten die beiden Familien Knie mit Tieren. Die Familie Fredy Knie jun. (links auf dem Foto) hat sich den Pferden verschrieben, während sich die Familie Franco Knie sen. (rechts) auf Elefanten spezialisiert hat. Angefangen haben die Tiervorführungen im Circus Knie zur Zeit der vierten Generation. Die von Fredy Knie sen. und jun. entwickelten bahnbrechenden Methoden der Pferdedressur und in der Ausbildung von Tieren haben das Familienunternehmen Knie weitherum berühmt gemacht.

Die Familie Fredy Knie jun. (von links): Chanel Marie Knie (auf Pferd), Maycol Errani, Mary-José Knie, Géraldine Katharina Knie, Ivan Frédéric Knie und Fredy Knie jun.

Die Familie Franco Knie sen. (von links, ab Mitte): Franco Knie sen., Claudia Uez, Doris Désirée Knie, Franco Knie jun., Chris Rui, Linna Knie-Sun – Nina Maria Dora und Timothy Charles Knie (vorne Mitte)

Fredy Knie jun. mit der siebten Generation

Auf dieses Bild ist Fredy Knie jun. besonders stolz. Es zeigt ihn mit der neuen Generation, die den Circus Knie in die Zukunft führen wird. Fredy Knie jun. bereitet zurzeit die Übergabe vor und freut sich, dass er diese persönlich mitgestalten und miterleben kann. Jetzt wird gemeinsam erarbeitet, wer welchen Bereich übernehmen wird. Alle haben auch untereinander ein sehr gutes Verhältnis. Fredy Knie jun. sagt von sich selbst, er müsse sich nichts mehr beweisen. Seine jetzige Aufgabe bestehe darin, die jungen Leute auszubilden, und sein grösster Wunsch, den Circus Knie in guten und kompetenten Händen zu wissen: «Mein grosses Ziel ist es, der jungen Generation alles mitzugeben.»

«Mein grosses Ziel ist es,
der jungen Generation alles mitzugeben.»

Franco Knie jun., Maycol Errani, Linna Knie-Sun, Géraldine Katharina Knie, Fredy Knie jun., Doris Désirée Knie

Fredy Knie jun. mit der achten Generation

Ein Herz und eine Seele. Trotz Altersunterschied sind die drei Jüngsten der Familie Knie wie Geschwister miteinander. Ivan Frédéric (Mitte) und Chanel Marie, die Kinder von Géraldine Katharina Knie. Chris Rui (links), der Sohn von Franco Knie jun., interessiert sich besonders für Elefanten. Alle sind sie am liebsten immer von Tieren umgeben.

Chris Rui, Ivan Frédéric, Chanel Marie, Fredy Knie jun.

Episoden aus der Familiengeschichte der Familie Knie

Mary-José Knie

«Sie sah gut aus. An ihr hat man nicht vorbeisehen können.» Diesen Satz von Fredy Knie jun. kann man ohne zu zögern auch in die Gegenwart setzen. Doch jetzt erinnert er sich zurück, zählt kurz im Stillen: 1971. «Die Leute wollen doch wissen, wie ich meine Frau kennengelernt habe», meint er schalkhaft. Und doppelt gleich nach: «Über meinen Bruder – Rolf hat sie mir vor die Füsse gelegt.» Herzhaftes Lachen.

Mary-José Galland war Mannequin und Kosmetikerin. Dazu eine begeisterte Zirkusbesucherin. Extra von Neuenburg für die Vorführung des Circus Knie nach Zürich gereist, stand sie vor ausverkauftem Haus. Die Enttäuschung war ihr anzumerken. Rolf Knie jun. reagierte sofort: Er organisierte einen Stuhl, und die auffallend hübsche junge Frau konnte die Vorführung mitverfolgen. Nach der Vorstellung schlug man vor, ins Mascotte nebenan am Bellevue etwas trinken und tanzen zu gehen. Sie solle doch mitkommen. Sie kam. Und so lernte man sich kennen. «Und dann gings halt weiter», meint Fredy Knie kurz und bündig.

Zwei Aufnahmen mit dem Cirque du Soleil im Jahre 1992. Das kanadische Unternehmen war 1992 Gast im Circus Knie. Pas de deux (links) und akrobatische Nummer von Mary-José mit Mäni Neeser.

Ganz in ihrem Element: Mary-José zeigt 1982 die berittene Taubennummer beim Circus Roncalli.
→

Und wie. Im Jahr darauf haben Mary-José Galland und Fredy Knie jun. geheiratet. Die Hochzeit fand – wie konnte es anders sein – im Zirkuszelt statt. Man verzichtete auf die nummerierten Plätze, so gab es Platz für mehr Gäste. 4000 waren drinnen, draussen verfolgten weitere 2000 Interessierte die Zeremonie. Ein weiteres Jahr später wurde Tochter Géraldine Katharina geboren.

Mary-José wollte nicht «nur» die Gattin des Zirkusdirektors sein. Sie wollte selbst aktiv im Circus Knie mitmachen. Ihre vielseitige Begabung und ihr eiserner Wille kamen ihr dabei sehr zugute. Fredy Knie jun. spricht voller Achtung von seiner Frau: «Was sie erreicht hat, ist wirklich sehr beachtlich. Sie hat in einem Alter zu trainieren begonnen, das für die Zirkuswelt relativ spät ist. Und sie machte alles: Akrobatik, Pas de deux, nichts war ihr zu schwer. Sie könnte fast eine Knie sein, eine echte Knie!» Ihr erster Zirkusauftritt war 1973, drei Monate nach der Geburt ihrer Tochter. Mary-José musste innerhalb dieser kurzen Zeit zwölf Kilogramm an Gewicht verlieren, damit sie wieder in ihr Kostüm passte. Sie schaffte das. Das schätze er ganz besonders an ihr: «Mary-José ging aufs Ganze, wie wenn sie im Zirkus geboren worden wäre.» Und dass das Zirkusleben eine harte Schule ist, war von aussen gesehen nicht einfach so ersichtlich.

Fredy Knie jun. und Mary-José ergänzen sich bestens. Er ist eher der Zurückgezogene, Stille, der es gerne lustig hat. Sie kann sehr gut auf Menschen zugehen. «Sie besitzt den Charme, der ankommt.»

Liebesglück: Die Hochzeit von Fredy Knie jun. und Mary-José Galland im Jahre 1972. Im Hintergrund das Zirkuszelt, wo die Feier stattfand, als Parade Clowns mit Heugabeln.

Die glücklichen Eltern: Taufe von Tochter Géraldine Katharina Knie.

Ausritt zu zweit.

Mary-José mit dem Friesenhengst Zeus.
Eine temperamentvolle Nummer zum 75-Jahr-Jubiläum des Circus Knie im Jahre 1994.

Géraldine Katharina Knie

Der Charme ging nahtlos von der Mutter auf die Tochter über. Géraldine Katharina Knie wurde ein ganzes Paket von Charaktereigenschaften in die Wiege gelegt. Und sie weiss sie zu nutzen. Mit dem Charme im Umgang mit Menschen übernahm sie auch die Disziplin ihrer Eltern, die Freude und Begeisterung, sich für den Circus Knie mit ganzer Seele einzusetzen.

«Géraldine ist eine richtige Knie, durch und durch», Vater Fredy Knie jun. kann seine Freude darüber nicht verbergen. Warum sollte er? Der Stolz des Vaters ist berechtigt, hat er doch – zusammen mit seinem Vater – seiner einzigen Tochter alles, was eine perfekte Zirkusfrau wissen muss, selbst beigebracht. Beeindruckt ist er aber auch von der Art, wie sie selbst mit den Tieren umgeht. Das richtige Mass an Strenge, Einfühlungsvermögen und Verspieltheit ist eine besondere Gabe, die Géraldine sehr bald an den Tag legte. Dass sie damit richtig liegt, zeigen ihre Vorführungen seit Jahren schon.

«Mit links macht man nichts, schon gar nicht in unserem Beruf», sagt Fredy Knie jun. Sehr früh durfte Géraldine ihre Tiere selbst trainieren. Das machte sie bald selbstständig und verantwortungsbewusst. Und das gab Fredy Knie jun. das Vertrauen in das Können der Tochter. Auch sie musste sich mit achtzehn Jahren entscheiden, ob sie ihr Leben im Zirkus verbringen wollte. Sie tut es aus Überzeugung. Heute, nach vielen Jahren Zirkuserfahrung, führt sie selbst Regie und macht die Choreografie des Programms. Der Vater weiss, dass sie es gut macht. Géraldine ist seine Stellvertreterin, fragt ihn oft nach seiner Meinung, doch entscheiden muss sie selbst. Und wenn sie sich mal unsicher fühlt, schiebt sie gerne den Vater vor und sagt neckisch: «Geh du, vor dir hat man mehr Respekt.» Aber garantiert lautet Fredy Knies Antwort darauf: «Nein, das machst du jetzt.» «Also gut», und schon ist sie selbst am Werk. Nur manchmal, wenn Géraldine etwas ganz Neues einführen möchte, blinzelt sie ihrem Vater zu. Und dann weiss Fredy Knie jun., dass die Entscheidung in guten Händen liegt.

Des Vaters Stolz. Fredy Knie jun. und Tochter Géraldine vor dem Büro des Circus Knie am Fachsimpeln.

Géraldine Knie mit Familie.
Maycol Errani, Ivan und Chanel Marie.

1 Géraldine mit Akrobatiknummer.
2 Géraldine und Lieblingspferd Bolero.
3 Im Wohnwagen zu Hause. Fredy Knie jun. mit Mary-José und Géraldine.
4 Géraldine mit Cousin Gregory Knie: Verstehen einander sehr gut, wenn sie sich auch selten sehen.
5 Glückliche Mutter mit Ivan, etwa sechs Monate alt.

Hans Ernis Geburtskarte für Chanel Marie.

Maycol Errani

Géraldine Katharina Knie ist heute in zweiter Ehe verheiratet mit Maycol Errani. «Er ist ein toller Zirkusmensch», rühmt Fredy Knie jun. Ursprünglich von der Akrobatik herkommend, begann er erst 2008 mit Tieren zu arbeiten. Bei Fredy Knie jun. in der Ausbildung höre er sehr gut zu, was dem Lehrer imponiert. Dazu könne er gut beobachten und verfüge über ein grosses Einfühlungsvermögen.

Die besten Voraussetzungen, um mit und von den Tieren zu lernen. – Maycol gibt nach dieser kurzen Zeit bereits eigene Vorführungen mit Tieren, auch tritt er zusammen mit Géraldine Katharina auf.

Ivan Frédéric

Ivan liebt Tiere. Er kann gar nicht genug davon haben. Ob er auf einem Gartentischli all seine Spielzeugtiere anordnet, mit zwei kleinen Hunden als Gäste auf Stühlen, oder ob er im Frack zusammen mit Nonno Fredy Knie jun. grad ein Pferd in die Liegeposition befohlen hat – die Begeisterung für sämtliche Tiere sieht man ihm an.

Ivan ist der Sohn aus Géraldines erster Ehe. Zu ihm hat Fredy Knie jun. ein sehr inniges Verhältnis. Auch wenn die Familie sehr darauf achtete, dass Ivan den Kontakt zu seinem leiblichen Vater Ivan Pellegrini erhalten konnte und ihn regelmässig besuchte, war der Vater doch abwesend. Vielleicht wurde daher Fredy Knie jun. manchmal etwas zu sehr in die Rolle des Vaters gedrängt, sodass er einmal gar die Situation erklären musste. Ivan wollte seinen geliebten Grossvater «Papi» nennen und fragte ihn darum. «Ich bin dein Nonno, aber ich habe dich genauso gern wie dein Papi», das wurde akzeptiert und war doppelte Garantie für einen Papi.

Der «Deal» war gegenseitig. Ivan lernt wie früher seine Mama Géraldine alles, was er kann, von Nonno. Mit Hingabe und Begeisterung. Aus den kleinen Kunststückchen sind längst mutige Reitervorführungen geworden. Ivan ist in seinem Element. Und Tiere hat er um sich, so viele er will.

Im Garten mit seinen Lieblingstieren und den Hunden Magic und Niño. Mit seinem leiblichen Vater Ivan Pellegrini.

Gute Arbeit in der Manege:
Voller Stolz überreicht
Ivan seiner Mutter die Peitsche.

Arbeit vollbracht. Freude und Stolz
mit Grossvater Fredy Knie jun.
→

Ivan Frédéric. Auftritte im Circus Knie: Pyramide (8-jährig), mit Springseil (12-jährig), Ungarische Post (9-jährig). →

Chanel Marie

«Sie ist eine mit hundert Volt.» So beschreibt Fredy Knie jun. spontan seine Enkelin Chanel. Die Tochter aus Géraldines zweiter Ehe mit Maycol Errani hat es tatsächlich faustdick hinter den Ohren. Und wird erst drei Jahre alt. Ob sie sich voller Zärtlichkeit an ein Pony schmiegt oder selbst auf dem Pony sitzt, sie vergisst mit Bestimmtheit nicht, äusserst fotogen in die Kamera zu blicken.

Die hundert Volt bekam Fredy Knie jun. einmal zu spüren, als klein Chanel ganz empört in die Garderobe des Zirkus stürmte, wo sie um alles in der Welt ein Kostüm anziehen wollte und mit kräftiger Stimme rief: «Voglio lavorare!» Da gab es nichts zu zweifeln. Sie ist eine richtige Knie, durch und durch.

Ohne Pony gehts nicht. Ob mit Ivan in einer Frühlingswiese oder schon allein auf dem Sattel sitzend …

… oder bereits an der Arbeit in der Manege. →

Rolf Knie jun.

«Rolf, der Spassvogel», das ist der stehende Begriff, wenn Fredy Knie jun. von seinem jüngeren Bruder spricht. Und freut sich sichtlich, als er danach gefragt wird, wer denn von ihnen beiden der jüngere sei. Die beiden nehmen sich gerne auf den Arm, und so mag ein unausgesprochenes Kompliment zum Alter gut ankommen.

Ein bisschen hat man den Eindruck, dass sie sich ab und zu etwas «schuldig» waren im Leben. Rolf sei ein Künstler, aber auch ein Träumer gewesen, «nicht nur in der Schule, Träumer waren wir alle», meint Fredy Knie jun. scherzhaft. Aber einem Künstler – und das sei sein Bruder im Besonderen – dürfe er das nicht verwehren. Er habe immer gewusst, dem älteren Bruder ein Schnippchen zu schlagen. So habe Rolf nicht selten beim Trainieren mit den Tieren plötzlich vorgeschlagen: «Mach doch noch schnell mein Training, du kannst das eh besser.» Und hinter dem Kompliment verbarg sich der Vorwand, eine Stunde früher Tennis spielen zu dürfen. Pflichtbewusst übernahm der ältere Bruder den Part des jüngeren.

In den Jahren 1973 bis 1977 trat Rolf Knie zusammen mit Gaston Häni als Clown auf. Die beiden kreierten jährlich eine neue Nummer und hatten damit grossen Erfolg. Doch mochte sich Rolf ungern auf etwas festlegen. Lieber probierte er viele Dinge gleichzeitig aus. Das strenge und geregelte Zirkusleben war auf längere Sicht nicht seine Welt. So bat er zunächst um einen zweijährigen Unterbruch seines Engagements beim Circus Knie, wurde dann 1984 freigestellt. Er musste noch anderes erleben: Die Welt war weit.

Die Auftritte mit Clown Gaston wurden zunächst ausgebaut in eine Theatergruppe. Gemeinsam mit Pipo Sosman und Valentina Pellanda wurden mehrere Bühnenstücke und Filmproduktionen realisiert. Unter der Regie von Max Sieber spielte Rolf Knie in zwei Fernsehfilmen: «Hotel» 1982 und «Die Grafen» 1983. Das Bühnenstück «Wir machen Spass» schaffte es 1984 gar ins Zürcher Schauspielhaus.

Die eigentliche Begabung Rolf Knies lag aber in der Malerei. Schon als Junge habe er immer auf irgendein Papier gekritzelt, meint sein Bruder sich erinnernd. Kein Tischset und kein Sitzungsdokument sei ohne eine Zeichnung von Rolf geblieben, wenn er zu Tisch oder in Sitzungen sass. Prägend für sein malerisches Können war die Begegnung mit Hans Falk, der im Jahre 1977 den Circus Knie auf seiner Tournee begleitete. Im gleichen Jahr erhielt er von Emil Steinberger Unterricht im perspektivischen Zeichnen. Von beiden Künstlern hat Rolf sehr viel gelernt. Seine Tier- und Zirkusbilder sind ein ganz persönlicher Ausdruck der Zirkuswelt geworden.

Und so wurde aus dem Träumer Rolf ein begabter Künstler. Spassvogel ist er dabei immer geblieben.

1   Immer zu einem Spass bereit. Rolf Knie jun. mit komischem Pferd Rebell.

2   Mit Vater Fredy Knie sen., Bruder Fredy Knie jun., Gattin Erica Brosi und Schwägerin Mary-José.

3   Fredy Knie jun. mit Schwägerin Erica in der Hundenummer mit Glatthaar-Foxterriern.

    Die erste Frau von Rolf Knie jun. war Fredy Knie jun. besonders ans Herz gewachsen. Sie lebten lange Jahre zu viert im Stammhaus der Familie Knie und hatten es immer sehr gut miteinander. Erica Knie starb im Alter von 62 Jahren an einer schweren Krankheit.

4   Rolf Knie lebt heute mit seiner zweiten Frau Beliña Lorador in Mallorca.

31

Fredy Knie jun. und Franco Knie sen.

Zusammen im Circus Knie aufgewachsen, verbindet die beiden Cousins Fredy Knie jun. und Franco Knie sen. mehr als ihre familiäre Herkunft und die Liebe zur Zirkuskunst. Seit 1992 führen sie als Artistischer und Technischer Direktor gemeinsam in sechster Generation das Familienunternehmen Gebrüder Knie, Schweizer National-Circus AG. Selbst in wirtschaftlich angespannten Zeiten halten sie dank ihrer umsichtigen Führung und eines ausgeprägten Gespürs für den Anspruch und Geschmack des Publikums das Zirkusunternehmen auf Erfolgskurs. Mit einem jährlich neuen, stets zeitgemässen Programm behauptet sich der Circus Knie seit nunmehr fast einem Jahrhundert als sicherer Wert im Bewusstsein der Schweizer Bevölkerung. Dem wachsenden Freizeitangebot zum Trotz bleibt Knie Garant für Zirkuskunst auf höchstem Niveau. «Wir haben beide einen ausgesprochen lösungsorientierten Führungsstil, sodass wir auch in schwierigen Sachfragen immer einen

Fredy Knie jun. und Cousin Franco Knie sen., die heutigen Leiter des Unternehmens.

gemeinsamen Nenner finden», sagt Fredy Knie jun. über sein Verhältnis zu Franco Knie sen. Die beiden Direktoren setzen sich tagtäglich dafür ein, das kulturelle Erbe ihrer Vorväter sorgsam zu pflegen, um dereinst die Verantwortung über das innovative und stets am Puls der Zeit agierende Unternehmen der siebten Familiengeneration zu übergeben.

Hoch zu Elefant. Franco Knie sen., Cousin von Fredy Knie jun., mit seiner dritten Frau Claudia Uez und den Kindern Nina Maria Dora und Timothy Charles (siebte Generation).

Rolf Knie sen. und seine Frau Tina Knie-di Giovanni, die Eltern von Franco Knie sen.

Generationengeschichten

Margrit Knie-Lippuner (1897–1974)

Am 25. März 1919 ehelichte Friedrich Knie, der älteste von den vier Gründersöhnen in der vierten Generation, Margrit Lippuner aus Buchs im Sankt Galler Rheintal. Die einer Schuhmacherfamilie entstammende junge Frau stellte ihren Geschäftssinn an der Seite des Ehemanns, vor allem aber als früh zur Witwe gewordene Zirkusdirektorin, nachdrücklich unter Beweis. Fredy Knie jun. lobt seine Grossmutter väterlicherseits in den höchsten Tönen. Eine «sehr herzliche Person» sei sie gewesen, konsequent und geradlinig. In den dunklen Jahren des Zweiten Weltkrieges ein krisenanfälliges Unternehmen über Wasser zu halten, war schon schwer genug, den Circus Knie am Ende des militärischen Konfliktes in die Zukunft gerettet zu haben, eine Bravourleistung. Es war das persönliche Verdienst von Margrit Knie-Lippuner und der Gebrüder der fünften Generation, Fredy Knie sen. und Rolf Knie sen. Es dürfte in der breiten Öffentlichkeit kaum bekannt sein, dass von 1939 bis 1945 im abgeschirmten Zirkuszelt, aus dem kein Licht nach aussen drang, regelmässig Gratisvorstellungen für Soldaten durchgeführt wurden. Das Übereinkommen zwischen General Henri Guisan und der klugen Familienvorsteherin sicherte den Futterbedarf der Tiere.

Als perfekte Gastgeberin lud sie am Wochenende gerne «höher gestellte Persönlichkeiten» zum Jassen ein. Auch etliche der damals amtierenden Bundesräte liessen sich die beliebten und geselligen Anlässe in Rapperswil nicht entgehen. Der von ihr gepflegte, freundschaftlich geprägte Kontakt zu den Behörden gereichte zum allseitigen Vorteil; die Anstrengungen waren auf lange Sicht nutzbringend und fruchtbar.

Eine liebenswerte Anekdote, die ein treffendes Bild von der Nonna zeichnet: Auf ihren jeweiligen Einkaufstouren liess die Hauptkassiererin des traditionellen Zirkusbetriebes beim Betreten der Ladengeschäfte geradewegs verlauten, wenn ihre Person nicht auf Anhieb erkannt wurde, dass sie Frau Knie sei. Fredy schämte sich. Das konnte sie doch nicht sagen. Die plausible Erklärung für das entschlossene Auftreten hat hinterher auch der kleine Enkel verstanden: Geschäftsbesitzer und Verkaufspersonal sollten sich für den getätigten Erwerb der Lebensmittel oder sonstiger Waren erkenntlich zeigen, nämlich – wie erhofft – bei Gelegenheit den Zirkus mit dem Besuch einer Vorstellung beehren. In der Stadt Rapperswil war es früher Brauch, dass Katholiken wie Reformierte ausnahmslos bei ihren Glaubensgenossen einkauften. Margrit Knie-Lippuner hatte abwechslungsweise die katholischen und reformierten Anbieter berücksichtigt. Demonstrativ. Denn im Circus Knie, so meinte sie überzeugend, würden Angehörige aller Religionsgemeinschaften willkommen geheissen.

Der legendenumwobene Wohnwagen Nummer 29, vormals Eigentum des Bauunternehmers Louis Favre, dessen Name mit der Errichtung des Gotthardtunnels in Verbindung steht, war ein begehrter Treffpunkt für die illustre Gesellschaft, Mitglieder der Familie, Freunde und andere nahestehende Menschen. In ihrem behaglichen Heim auf Rädern empfing Margrit Knie-Lippuner während mehr als einem halben Jahrhundert Gäste aus nah und fern – und gönnte sich nach jeder ausverkauften Vorstellung ein Gläschen Cognac.

Fredy Knie jun. bleibt die Erinnerung an eine tüchtige, von ihm hochgeschätzte Frau, die durch ihr fürsorgliches Verhalten und umsichtiges Handeln beeindruckte. Margrit Knie-Lippuner erlag am 12. April 1974 im Alter von 77 Jahren den Folgen einer hartnäckigen Grippe.

> «Das Übereinkommen zwischen General Henri Guisan und der klugen Familienvorsteherin sicherte den Futterbedarf der Tiere.»
>
> Fredy Knie jun.

Grossmutter Margrit Knie-Lippuner war ein grosses Vorbild für Fredy Knie jun., die ihn sehr prägte. Hier mit Urenkelin Géraldine.

Fredy Knie sen. (1920–2003)

Seinen Vater hielt Fredy Knie jun. stets hoch in Ehren. Er spricht auch Jahre nach seinem Tod voller Respekt und Achtung über dessen beachtlichen Werdegang. Auch wenn es nicht immer «nur einfach gewesen» sei, Fredy Knie sen. wusste sehr wohl zu unterscheiden, was seinem Sohn nützte und was nicht. «Man merkte immer, wie es gemeint war», sagt dieser rückblickend liebevoll, auch wenn der Vater oft sehr streng gewirkt habe. Was er forderte – und darin war er kompromisslos – waren höchste Disziplin und konsequentes Training. Dafür ist Fredy Knie jun. heute noch dankbar und wendet dieselbe Taktik bei sich selbst und seinen eigenen Nachkommen an. Für den Zirkus müsse sich jeder und jede selbst entscheiden, dann aber hundert Prozent dabei sein. «Halbe Dinge gibt es nicht, wenn es um Zirkus geht», war immer die Devise des Circus Knie, bis zum heutigen Tag.

Eine besondere Herausforderung war es für den jungen Fredy Knie auch, stets mit seinem Vater verglichen zu werden. «In einem Familienunternehmen, wie wir es sind, ist das zwar normal», bekennt er, «aber die Ansprüche, die an die jeweils jüngere Generation gestellt werden, sind enorm.» Denn die Knies waren in jeder Generation äusserst erfolgreich. Dass der Circus Knie nunmehr in der achten Generation besteht, hat er der gelebten Familienkultur zu verdanken. «Das Schweizer Volk kennt uns, nimmt Teil an unserer Familie, wir stehen immer im Rampenlicht.»

Vater Fredy Knie sen. mit seiner ersten Frau
Pierrette Knie-Du Bois und den beiden Söhnen
Fredy und Rolf.

Und mit seiner zweiten Frau Erika Sigel Knie,
die ihn bis zu seinem Tod liebevoll betreut hat.

Trotz oder gerade wegen der hohen Ansprüche war Vater Fredy Knie ein «totales Vorbild» für den Sohn, wie er es nennt. Fredy Knie jun. war schon in jungen Jahren klar: «Ich will das erreichen.» Dieses kompromisslose Verfolgen der eigenen Karriere in den Fussstapfen des höchst erfolgreichen Vaters war streng und oft auch schwierig. Und wenn der Vater den Sohn nur selten lobte, dann mochte dies seine Taktik gewesen sein: Wusste er doch selbst zur Genüge, was es bedeutete, ein Leben lang ein Unternehmen von Weltrang zu führen. «Es war oft wie im Spitzensport», meint Fredy Knie jun. rückblickend, «zu viel Lob kann sich negativ auswirken, das wollte mein Vater verhindern.»

Bisweilen gab es auch Auseinandersetzungen, über die man sich zu verständigen hatte. «Wir waren nicht immer gleicher Meinung, doch das galt es zu diskutieren. Wir haben immer einen guten Kompromiss gefunden.» Genauso verhält es sich wieder zu den eigenen Nachkommen. «Auch unsere Kinder und Enkel dürfen ihre Meinung haben, es braucht ihre Ideen, die bringen uns vorwärts.»

So geschehen zwischen Fredy Knie senior und junior: Im Jahre 1984 ermöglichte der vom Junior ersonnene Boxenstall, dass die bisherige Anbindehaltung, bei der die Pferde aufgereiht je zwischen zwei Flankierbäumen standen, vollständig aufgegeben werden konnte. Damals ein Novum! Im Vorfeld war das neuartige Haltungssystem allerdings Anlass für einen Disput gewesen. Fredy Knie sen. hatte zwar anfänglich das Einrichten von vier Boxen für die Schulpferde erlaubt, befürchtete dann aber, dass der Aufbau der Stallkonstruktion zu viel Zeit in Anspruch nehmen würde. Heute ist der Boxenstall für Pferdehaltung eine Selbstverständlichkeit!

So streng der Vater sein konnte, so einfühlsam war er bisweilen. Anfang der Sechzigerjahre musste Negro, ein Lipizzaner, der das Steigen wie kein Zweiter beherrschte, eingeschläfert werden. Vater Knie wartete den richtigen Zeitpunkt ab, wusste er doch, wie schmerzhaft der Verlust des Pferdes für den Sohn sein würde. Fredy Knie jun. verbrachte eben seine Schulferien im Zirkus. Aus diesem Grunde hat der Vater den Eingriff erst hinterher zugelassen. Die erklärenden Worte waren diesmal so gefühlvoll, dass Fredy Knie jun. sofort begriff, wie schwer der Entscheid auch für seinen Vater gewesen sein musste.

Beim Unterrichten des Sohnes Fredy Knie jun. in Aarau.

Stets besonders gefühlvoll im Umgang mit seinen Pferden.

Pierrette Knie-Du Bois (1921–2013)

Der «ruhige Gegenpol» zum Vater sei sie gewesen, die Mutter, Pierrette Knie-Du Bois. Aufgewachsen in der Stadt Bern, die Eltern besassen eine Tanzschule und einen Tennisklub nahe des Tierparks Dählhölzli, avancierten Pierrette und ihr nicht minder sportbegeisterter Bruder Paul schon früh zu einem bekannten und gefeierten Eiskunstlaufpaar. Die beiden eroberten zahlreiche Auszeichnungen im Paarlauf. Zudem gewann die junge, gut aussehende Frau gleich mehrere Schweizer Meistertitel im Tennis. Ein respektabler Leistungsausweis, der hart erarbeitet werden musste.

Als umsorgende, verständnisvolle und tolerante Mutter hatte sie gleichwohl darauf bestanden, dass ihre beiden Söhne diszipliniert und fleissig waren. Tugenden, die (auch heute noch) im Zirkus zählen. Die innere Haltung als Resultat der eigenen (konsequenten) Erziehung und ein in die Wiege gelegter Hang zur Pflichterfüllung zeichneten Pierrette Knie-Du Bois ein Leben lang aus. Auf vorbildliche Weise und mit einer unnachahmlichen Gewissenhaftigkeit bediente die von Fredy und Rolf innig geliebte Mutter während 27 Jahren an der Seite von Margrit Knie-Lippuner die Kundschaft an der Zirkuskasse.

Mutter Pierrette Knie-Du Bois: Eine erfolgreiche Sportlerin im Eiskunstpaarlauf, Schweizer Meisterin im Tennis und ebenso erfolgreich als Partnerin ihres Mannes im Circus.

Mit ihrem zweiten Lebenspartner Norbert Ehler, der sie bis zuletzt betreute, lebte sie bis zu ihrem Tod im Jahre 2013 in Mallorca.

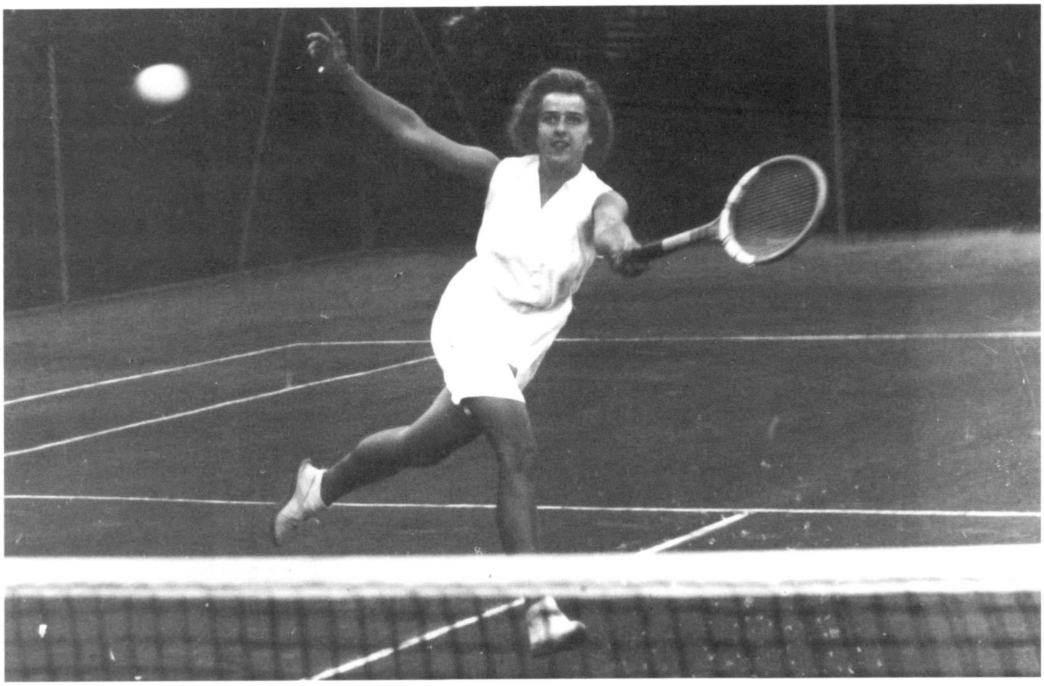

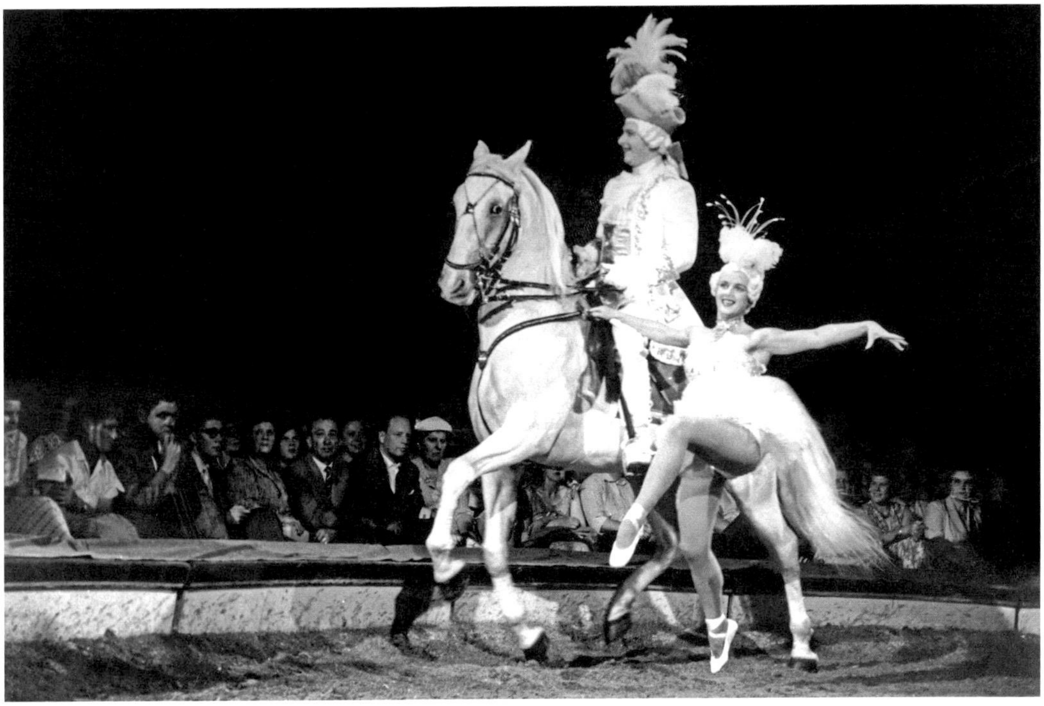

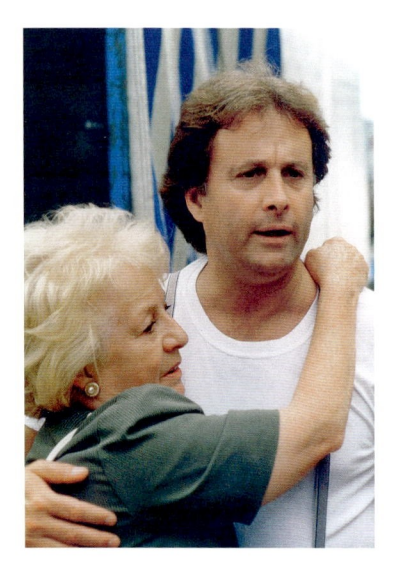

Lotti Nock (geboren 1928)

Lotti Nock stammt aus dem Zweig der Zirkusfamilie Nock, der Anfang der Fünfzigerjahre eine Freiluftarena betrieb. Im Circus Knie war sie bekannt als Nummerngirl. Eine Aufgabe, die sie mit viel Charme über 20 Jahre lang konkurrenzlos ausführte. Sie gab auch Vorführungen am Trapez, hatte aber lustigerweise Flugangst. Das sollte ihr zum Verhängnis werden, als ihre zwei Brüder und ihre Schwester ein Engagement des Zirkusunternehmens Ringling Bros. and Barnum & Bailey in Amerika annahmen. Sie wollte partout nicht über den grossen Teich fliegen. «Dann bleibst du bei uns», hiess es im Circus Knie, ein Angebot, das sie liebend gerne annahm.

Ihr Mann, Arthur Nock, war der unvergessliche «Knieli». Lange Jahre empfing er als Clown die Kinder beim Eingang des Zirkuszelts. Selbst als er schwer krank wurde und man ihm ein Bein amputieren musste, blieb er seiner Aufgabe treu. Ein Clown könne doch auch hinken, meinte er. Nach seinem Tod gab es keinen zweiten «Knieli» mehr. Diese Zirkusfigur konnte niemals ersetzt werden. Sie war und bleibt in den Herzen aller grossen und kleinen Kinder von Arthur Nock besetzt.

Lotti Nock blieb auch nach dem Tode ihres Mannes im Circus Knie. Sie erhielt eine neue Aufgabe in der Garderobe. So konnte sie in der Zirkusambiance leben, sie kannte ja gar nichts anderes und war glücklich darüber. Weniger glücklich, ja von panischer Angst ergriffen, war sie jeweils, wenn es blitzte und donnerte. Doch da kam ihr zugute, dass sie klein war. Denn bei heftigen Gewittern versteckte sie sich immer im Schrank ihres Wohnwagens. Dort fühlte sie sich offensichtlich geborgen.

Ob Nummerngirl oder Garderobenfrau, Lotti Nock war für Fredy Knie jun. wie eine zweite Mutter.

Das Familienunternehmen Knie und seine Angestellten

Wie Lotti Nock bleiben viele andere Angestellte ihr Leben lang dem Circus Knie treu. Über Jahrzehnte für dieses Familienunternehmen tätig zu sein, ist keine Seltenheit. So arbeiteten der ehemalige Pressechef Chris Krenger und der frühere Finanzdirektor Ruedy Seeholzer sowie der jetzige Leiter Marketing und Behörden Herbert Scheller über vierzig Jahre für Knie. In jeder Abteilung sind Mitarbeitende auch nach ihrer Pensionierung gern gesehene Besucher. Zugleich ist eine rechtzeitige Vorbereitung der Nachfolge ein Geheimnis des guten Arbeitsklimas beim Circus Knie. Nur so kann ein Familienunternehmen bestehen, wenn es auch auf die Unterstützung von sehr guten und langjährigen Mitarbeitenden zählen kann. «Wir haben Topleute, in die wir volles Vertrauen haben», sagt ein zufriedener und sehr dankbarer Fredy Knie jun.

Er überlässt seinen Mitarbeitenden grosse Selbstständigkeit. «Wir sind von sehr vielem abhängig», begründet er, «Wetter, Konjunktur, Krisen beeinflussen unseren Geschäftserfolg. Und wir müssen äusserst schnell reagieren können. Da haben lange Kommunikationswege nichts zu suchen.»

Über die guten und vertrauensvollen geschäftlichen Beziehungen hinaus ist eine familiäre Atmosphäre mit Angestellten und Gastartisten ein Markenzeichen des Circus Knie.

Fürs Wohl der Tiere im Circus Knie verantwortlich. Ueli Eggenberger war über vierzig Jahre Tierarzt des Circus Knie, seit 2010 ist Hanspeter Steinmetz, Spezialist für Wildtiere, der neue Zooleiter. Zusätzlich zur grossen Verantwortung, die sie durch ihre Aufgabe haben, sind sie Fredy Knie jun. auch menschlich sehr wertvoll.

«Wir haben Topleute, in die wir volles Vertrauen haben.»

Fredy Knie jun.

Fünf Themen für Generationen

«Doppel»

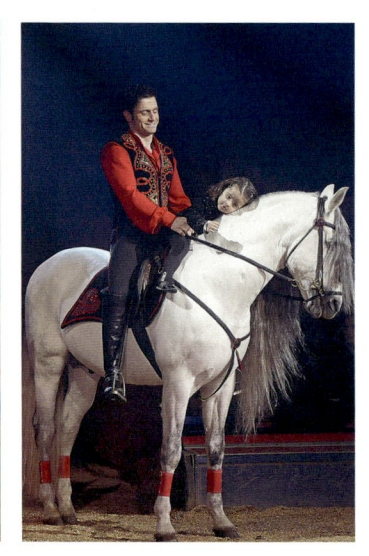

1 | 2
3 | 4 | 5

Es ist eine Tradition des Circus Knie, dass Kinder schon von klein auf vorne im Sattel mit ihrem Vater reiten dürfen. Liebevoll und auch ein bisschen stolz werden sie in den sicheren Armen gehalten. Und sie geniessen es sichtlich. Eine neue Version des «Doppels» ist schon im Kommen, wenn der grosse Bruder die kleine Schwester aufs Pferd nimmt: hier Ivan und Chanel Knie.

1 Fredy Knie sen. und jun.
2 Fredy Knie jun. und Tochter Géraldine
3 Fredy Knie jun. und Neffe Gregory
4 Fredy Knie jun. und Enkel Ivan
5 Maycol Errani und Tochter Chanel Marie
6 Ivan Frédéric mit seiner Schwester Chanel Marie →

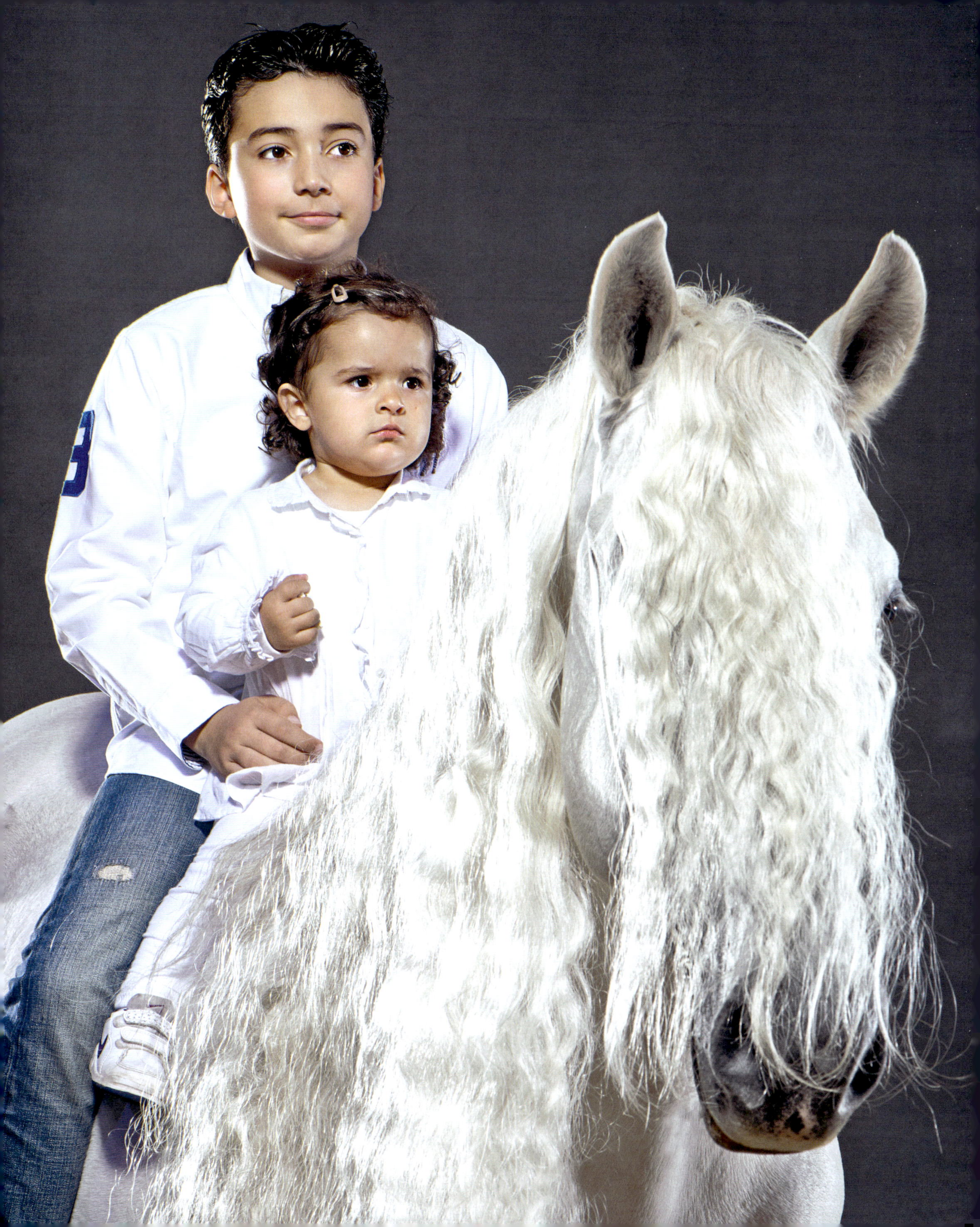

«Pas de deux»

1 | 2
3 | 4

44

«Pas de deux» ist eine beliebte und sehr ästhetische Nummer, die im
Circus Knie gerne vorgeführt wird. Ob zwei gleiche Pferde oder verschiedene,
die harmonische Darbietung verlangt Fingerspitzengefühl und Eleganz.

1 Fredy Knie sen. und jun.
2 Fredy Knie jun. und Mary-José Knie im Circus Roncalli
3 Fredy Knie jun. und Tochter Géraldine
4 Fredy Knie jun. und Enkel Ivan

«Ungarische Post»   «Gross und Klein»

5
6
        7
        8 | 9

Die «Ungarische Post» ist seit uralten Zeiten eine Verbindung von Pferd und Reiter. Zwei-, Vier-, Sechs-, Acht-, ja sogar Zwölfspänner traut sich Géraldine Knie zu. Auf zwei Pferden stehend, im engen Rund der Manege die Tiere zu führen, ist eine besondere Herausforderung.

5   Géraldine Knie in Kopenhagen mit Zehnspänner
6   Und beim Circus Krone in der TV-Sendung «Stars in der Manege» in München

Wenn andere Kinder grad flügge für den Kindergarten werden, stehen die jüngsten Vertreter des Circus Knie bereits im Rampenlicht. «Gross und Klein» sind die überaus beliebten Nummern, mit der sie meist erstmals vor Publikum auftreten. Dabei heisst es «früh übt sich, wer ein Meister werden will».

7   Fredy Knie jun. mit dem vierjährigen Ivan am Festival international du cirque de Monte-Carlo
8   Und als Vierjähriger mit seinem Vater 1951
9   Fredy Knie jun. mit Tochter Géraldine 1977

«Karussell»

18 Pferde

24

30

47

Das «Karussell» gehört zu den eindrücklichsten Pferdenummern des Circus Knie. Fredy Knie jun. oder Géraldine Knie befiehlt vom Zentrum aus die in die Manege galoppierenden Pferde. Dabei erscheinen nacheinander achtzehn, vierundzwanzig oder dreissig Pferde, die je nach Rasse und Farbe ein vorgegebenes Muster ergeben. Auf die Frage, ob das sonst noch jemand könne, antwortet Fredy Knie jun. sichtlich stolz: «Ja, unsere Jungen.»

Abenteuer und Entscheidungen

Auch ein Zirkusmann absolviert die RS

«Die Rekrutenschule wird aus dir einen richtigen Mann machen.» Wirklich? Fredy Knie jun. wollte der Prophezeiung seiner geliebten Grossmutter keinen Glauben schenken. Er absolvierte die RS 1967 und wurde – als Pferdekenner – prompt in die Abteilung Kavallerie einberufen. Die gleichzeitig mit Fredy Knie jun. in Aarau einrückenden Rekruten waren überwiegend Landwirte. Doch längst verrichteten sie ihre alltägliche Arbeit mit dem Traktor und hatten kaum mehr Berührungspunkte zu Pferden. Fast nostalgisch klang deshalb «Eidgenossen» als Bezeichnung für die diensttuenden Pferde in der Kavallerie. Auch von ihrer ursprünglichen Funktion als «Kriegspferde» waren sie weit entfernt. Ihre Aufgabe beschränkte sich höchstens noch auf Paraden und öffentliche Veranstaltungen. Und so gingen auch das Wissen und die korrekte Behandlung mehr und mehr verloren. Für Pferdeliebhaber Fredy Knie jun. war es zum Beispiel geradezu schmerzlich, ansehen zu müssen, wie unfachmännisch mit den Tieren umgegangen wurde. Auch die Stallhygiene liess oft zu wünschen übrig. Da trösteten den jungen Rekruten die von der Grossmutter regelmässig zugestellten «Fresspäckli» als willkommene Ablenkung.

Eines Tages bekam Fredy Knie jun. von einem Korporal ein Pferd zugeteilt, das sich in der Hektik des Geschehens nur schwer aufzäumen liess. «Schneller, schneller!», befahl der Unteroffizier. Als pflichtbewusster Rekrut, der mit Pferden geschickt umzugehen wusste, gelang es Fredy Knie jun., dem Tier mühelos die Trense anzulegen. Das machte dem Oberst offensichtlich Eindruck und führte dazu, dass man den jungen Rekruten dazu ermunterte, im Militär eine Karriere anzustreben. Das wiederum war für Fredy Knie jun. keinesfalls eine Option, sodass er seine persönliche Haltung deutlicher werden liess: Er würde den längst nicht mehr zeitgemässen Umgang mit den Tieren an die Öffentlichkeit bringen. Dies führte zum gewünschten Effekt.

Wie aber sollte es Fredy Knie jun. anstellen, um von den Wiederholungskursen dispensiert zu werden? Die längere Präsenz im Militär hätte sich mit seiner beruflichen Tätigkeit im Zirkus kaum vereinbaren lassen. Ein von der Zürcher Bircher-Benner-Klinik ausgestelltes ärztliches Attest, das ihm überempfindliche Magennerven bescheinigt hat, wirkte Wunder. Als Fredy Knie jun. im Ausmusterungsbüro vorsprach, erledigte sich die Sache innert kürzester Zeit. Der dort zuständige Stelleninhaber zeigte sich erfreut über die Begegnung mit «einem richtigen Knie» und erinnerte sich nur allzu gerne an fröhliches Zusammensitzen in seiner Dorfbeiz mit Eugen Knie, einem Grossonkel Fredy Knies. Er verstand denn auch sofort, worum es ging. Die Armee, meinte er augenzwinkernd, sei nicht das passende Tummelfeld für einen Zirkusmann.

Man nannte es «Arschbaden». Ein Pfiff, Hosen runter und den nackten Hintern ins eiskalte Wasser des Brunnens tauchen. Mit dieser «Übung» wurden die jungen Kavalleristen am ersten Tag begrüsst. Sie dachten, es sei ein Scherz, nicht mehr. Doch als dies dann täglich so stattfand, mit der Begründung, es gebe keine Blatern am Füdli, war es eigentlich nicht mehr lustig. Die Rekruten der Kavallerie verstanden nicht, was der Sinn der Übung sein sollte. Es war halt so. – 1972 ist die Schweizer Kavallerie nach 124-jährigem Bestehen durch einen Parlamentsentscheid abgeschafft worden.

Auch in der RS wurde Fredy Knie jun.
sofort den Pferden zugeteilt.

Reise in eine fremdartige Welt

In der ehemaligen Sowjetunion war die Zirkuskultur hoch im Kurs, genauso wie im heutigen Russland. Der Beruf des Artisten genoss in der Gesellschaft der UdSSR hohes Ansehen. So boten die staatlich unterhaltenen Institutionen eine überwältigende Auswahl an zirzensischen Spitzendarbietungen aus den unterschiedlichen Sparten. Der einmalige und unschätzbare Vorteil einer Reise in dieses weite Land war, die einzelnen Akrobaten und Truppen von hohem künstlerischen Niveau direkt vor Ort besuchen zu können.

Der Circus Knie hatte die Absicht, ausgewählte Nummern zu engagieren. Da aus diesem Grunde mit dem zuständigen Ministerium Verhandlungen geführt und Verträge im Land abgeschlossen werden mussten, reisten Fredy Knie jun. und die Personalleiterin Barbara Krenger 1984 per Flugzeug nach Moskau. Von der Hauptstadt aus ging es in einer zwölfstündigen Zugfahrt weiter in die Ukraine, wo die Stadt Kiew das Ziel war. Später steuerten sie auch noch den Ort Sotschi am Schwarzen Meer an, und sogar noch das hoch im Norden liegende Leningrad, heute Sankt Petersburg.

Der Aufenthalt im Osten gestaltete sich für Fredy Knie jun. und Barbara Krenger zu einem wertvollen Erlebnis. Während der ganzen Reise wurden sie von einer überaus kompetenten Dolmetscherin begleitet. An die installierten Wanzen in den Hotelzimmern und an die Aufpasser vor der Türe gewöhnte man sich schnell und sah bald darüber hinweg, denn das Positive dieser Reise überwog eindeutig.

Die Gastfreundschaft der trinkfesten Russen ist und war legendär. Fredy Knie jun., der selbst keine alkoholischen Getränke anrührt, musste sich etwas einfallen lassen, damit er vom reichlich fliessenden Wodka und anderen Destillaten verschont blieb. Kurz und bündig legte er jeweils eine Schachtel mit Antibiotika gut sichtbar neben sich auf den Tisch. Das reichte meist, um die Gastgeber darauf hinzuweisen, dass Alkohol für ihn «zurzeit nicht erlaubt war». Wenn einmal nicht, hat Barbara Krenger – in der Opferrolle, aber nicht ganz ungern – das Glas von Fredy Knie jun. «aus Höflichkeit» leer getrunken.

Durch die während dieser Reise geknüpften Beziehungen konnte der Circus Knie einige hervorragende Clowns und Akrobaten für seine Vorstellungen in der Schweiz verpflichten. Hierzulande durften diese ihre Freizeit allerdings nur im Kollektiv verbringen. Dazu mussten nach dreimonatigem Aufenthalt in der Schweiz alle Künstler das Land verlassen und in Basel und Genf durch neu zu integrierende Kollegen ersetzt werden. Doch der grossartige Erfolg sämtlicher Darbietungen liess das komplizierte Vertragswerk in den Hintergrund treten.

Zum Glück ist das heute anders. Die von Michail S. Gorbatschow initiierte Perestroika hatte auch Fredy Knie jun. nicht so schnell erwartet. Dennoch wünschte er sich, dass die nun auch in der Russischen Föderation inszenierten Tierpräsentationen ganz allgemein eine Änderung erfahren würden. Wie schon in früheren Zeiten werde dort den Zirkustieren zu wenig Respekt entgegengebracht.

Alois Podhajsky, ein Vorbild

Wien, Stadthalle. Für die traditionelle Zirkusshow «Artisten, Tiere, Attraktionen», welche im Februar 1969 bereits zum elften Male in der österreichischen Metropole stattfand, waren auch Tiernummern aus dem Circus Knie verpflichtet worden. Wie jeden Vormittag repetierte Fredy Knie jun. auf Parzi die klassischen Lektionen der Hohen Schule. Was den Beobachtern am Manegenrand sofort auffiel: Geritten wurde der Schimmelhengst ohne Zaum und Sattel. Damit nicht genug: Die 24 Galoppwechsel à tempo – 24 Einerwechsel an einem Stück! – liessen die Besucher der Probenarbeit aus dem Staunen nicht herauskommen. Eine Glanzleistung! Und das auf einer Rundfläche von nur 13 Metern Durchmesser!

Dass kein Geringerer als der anwesende Oberst Alois Podhajsky, seines Zeichens Leiter der Spanischen Hofreitschule, die gebotene Vorführung mit einem anerkennenden Applaus bedacht hatte, mehr noch: Fredy Knie jun. flugs umarmte und ihm das Du anbot, kam für den damals 23-jährigen Schulreiter völlig überraschend. Er, in dessen Vorstellungswelt Podhajsky wie ein «Monument» erschien, das der Zirkuspross lange zuvor angehimmelt hatte, war fassungslos. Die Sympathiebekundung beruhte auf Gegenseitigkeit. Der «Retter der Lipizzaner» schrieb in einem später veröffentlichten Text: «Dass in unserer schnelllebigen Zeit ein junger Mensch zwei Jahre lang auf eine einzige Nummer hinarbeitet, ist wohl die schönste Demonstration von Arbeitsmoral, Einfühlungsvermögen und Liebe zum Tier.» Und: «Nur durch einen innigen Kontakt zwischen Mensch und Tier können Höchstleistungen zustande kommen. Abgesehen von den wenigen an die Tradition des Circus gebundenen Bewegungen ist hier die klassische Reitkunst lebendig erhalten geblieben, insbesondere vom psychologischen Gesichtspunkt aus betrachtet.» In der Hofburg, am Wohnsitz des Ehepaars Podhajsky, trafen sich Vater und Sohn Knie ab und zu mit dem Gastgeber zum stundenlangen Fachsimpeln.

Alois Podhajsky (1898–1973) leitete – und prägte – von 1939 bis 1964 die Spanische Hofreitschule zu Wien, eine bis heute weltweit bekannte Einrichtung, welche zwischenzeitlich in «Spanische Reitschule» umbenannt worden war. Er hat sich während seiner Amtszeit grosse Verdienste erworben. Tatkräftig unterstützt von dem legendären US-Viersterngeneral George S. Patton Jr., gelang es Podhajsky in einer beispielhaften Rettungsaktion, die im Zweiten Weltkrieg evakuierten Lipizzaner aus dem böhmischen Hostau, das damals von sowjetischen Truppen besetzt war, über Bayern nach St. Martin in Österreich zurückzuholen. Das gewagte Unterfangen wurde 1963 unter dem Titel «The Miracle Of The White Stallions» (Flucht der weissen Hengste) verfilmt.

Prominente Persönlichkeiten im Hause Knie

Grusswort von Prinzessin Stéphanie von Monaco

«Unsere Familien sind seit langer Zeit durch eine solide und ehrliche Freundschaft miteinander verbunden, begründet auf Respekt und Gemeinsamkeit.

Fredy ist ein Mensch, der es stets verstanden hat, nach seinen Wertvorstellungen zu leben. Er ist nicht nur ein ‹grosser Meister› des Zirkus, sondern vor allem auch eine wunderbare Persönlichkeit, witzig und ehrlich. Ich bin stolz und glücklich, mit ihm eine so schöne Freundschaft zu teilen.

Sei fest umarmt, Fredy»

Stéphanie

Prinzessin Stéphanie von Monaco engagiert sich in besonderer Weise für Tiere. Hier zwei Elefanten, die ein Zoo in Frankreich abstossen wollte.

Nos familles sont liées depuis si longtemps par une amitié solide et sincère, basée sur le respect et le partage. Fredy est un homme qui a su toujours vivre selon ses valeurs, il est non seulement un "grand monsieur" du cirque mais aussi et surtout une belle personne drôle et honnête avec laquelle je suis fière et heureuse de partager une belle amitié.

Je t'embrasse fort Fredy.

Stephanie.

Prinzessin Stéphanie von Monaco und das Festival international du cirque de Monte-Carlo

Das Festival international du cirque de Monte-Carlo wurde 1974 von Fürst Rainier III. von Monaco gegründet und findet seither jährlich in Monaco statt. Es ist das erste und wichtigste Zirkusfestival der Welt. Nach dem Tod von Fürst Rainier III. im Jahre 2005 übernahm Prinzessin Stéphanie von Monaco das Präsidium. Dass sie die Nachfolge übernahm, freut Fredy Knie jun. besonders, denn damit sei auch die Fortsetzung garantiert. Nur zweimal wurde das Festival abgesagt: 1982, als Fürstin Gracia Patricia starb, und 1991, im Jahr des Zweiten Golfkriegs.

Die Veranstaltung findet seit 1995 im Chapiteau de l'Espace Fontvieille statt, einem stationären Zelt, das bis zu 3800 Zuschauern Platz bietet. Seit Beginn werden die «Goldenen», «Silbernen» und «Bronzenen Clowns» an die besten Artisten vergeben. Prinzessin Stéphanie präsidiert die Fachjury des Festivals. 2012 wurde zusätzlich das «New Generation»-Festival gegründet, um auch jüngeren Künstlern eine Plattform zu bieten. Ihm stehen Prinzessin Stéphanie und ihre Tochter Pauline Ducruet vor.

Grace Kelly umgeben von der Familie Knie.
Grace Kelly alias Fürstin Gracia Patricia und Fürst Rainier III. von Monaco.

Grosses Ereignis für Fredy Knie jun., Mary-José und Géraldine: ein Silberner und ein Goldener Clown des Festival international du cirque de Monte-Carlo.

Freunde von Kindesbeinen an

Die Familie Knie fühlt sich dem Fürstenhaus von Monaco freundschaftlich sehr verbunden. Man kennt sich von Kindesbeinen an, seit Jahren reist die Familie Knie regelmässig ans Festival, und Prinzessin Stéphanie ihrerseits stattet dem Circus Knie zwei- bis dreimal jährlich Besuche ab. Diese Beziehung geht weit über eine Interessengemeinschaft oder gar ein geschäftliches Miteinander hinaus. Dies bezeugt nicht nur das persönliche Grusswort von Prinzessin Stéphanie (s. Seite 53), auch Fredy Knie jun. spricht in sehr herzlichem Ton über das Fürstenhaus.

«Wenn Stéphanie hier in Rapperswil ist», so seine Worte, «kommt sie immer ganz privat. Da gibt es kein Protokoll, keine Bodyguards. Sie lebt mit uns im Zirkus, wohnt im Zirkuswagen und geniesst es sehr, nicht im Hotel absteigen zu müssen.» Mit allen Angestellten ist sie per Du und wird entsprechend umschwärmt. «Stéph, Stéph!» heisst es von allen Seiten, es wird viel gelacht und erzählt.

Was Fredy Knie jun. überaus schätzt an ihr, ist, dass sie ihren Worten Taten folgen lässt. Wenn sie etwas sagt, dann zieht sie es durch. So geschehen mit zwei Elefanten, die in einem französischen Zoo lebten. Man wollte die Tiere loswerden, man sagte, sie hätten TB und müssten getötet werden. Stéphanie engagierte sich mit ganzem Herzen. Ein Riesenwirbel ging durch die Medien. Sie stellte kurzerhand Land zur Verfügung, baute den Elefanten eine ganze Anlage. Dort leben sie heute, umsorgt von Stéphanie (s. Seite 52). Sie mistet aus, schaut, dass die Tiere sich wohlfühlen. Von TB ist nichts mehr zu hören. Es war eine Ausrede.

Prinzessin Stéphanie lebt für die Tiere und den Zirkus. Während des Festivals von Monaco ist sie ganz im Element, es sind die schönsten Tage des Jahres für sie.

Einzug der Familie Knie mit Pferden auf dem roten Teppich in Monte Carlo.
Fredy Knie jun. und Puschkin beim Steigen.

Königin Beatrix der Niederlande

Ihre Königliche Hoheit Prinzessin Beatrix der Niederlande – so lautet der offizielle Titel der früheren Königin Beatrix der Niederlande, seit sie am 30. April 2013 das Amt ihrem Sohn Willem-Alexander übergab. Im Jahre 1972, als Fredy Knie jun. ihr begegnete, war sie noch Königin der Niederlande. Das Foto, das die Königin mit dem Zirkusdirektor im historischen Theater Carré zeigt – und auf das er zu Recht etwas stolz ist –, wurde ursprünglich nur für private Zwecke aufgenommen. Doch in den Niederlanden verhält sich sogar eine Königin unkompliziert. Sie gab es sofort frei für das vorliegende Buch.

Schon Fredy Knie sen. war dem Königshaus der Niederlande freundschaftlich verbunden. Im Jahre 1946 trat er mit seinen Pferden in Holland auf. Die damalige Königin Wilhelmina besuchte den Zirkus mit ihren Kindern und interessierte sich sehr für die Tiere. «Mein Vater hat ihr ein Pony geschenkt», erinnert sich Fredy Knie jun. an die Erzählung seines Vaters.

Überhaupt sei die Königinmutter eine eindrückliche Frau gewesen. Man erzählt, dass sie im Auto in den Zirkus gefahren sei. Als der Portier ihr beim Aussteigen helfen wollte, sei sie, gelenkig wie sie war, selbst ausgestiegen und habe zu ihm gesagt, ob er sie für so alt halte. Volksnah wie sie sich gab, war sie regelmässig mit dem Fahrrad zum Markt gefahren.

Königin Beatrix wiederum war eine tüchtige Reiterin. Sie ritt mehrmals pro Woche und kannte sich bei Pferden aus. Anlässlich der erwähnten Zirkusvorstellung traf sie sich mit Fredy Knie jun. während der Pause. Doch nicht etwa in der Pausenloge, wie es üblich war. «Nein, ich treffe Sie im Stall», war ihr Wunsch, dem Fredy Knie jun. liebend gerne nachkam. Die Königin war sichtlich beeindruckt von den Pferden des Circus Knie und kommentierte prompt: «Sie haben die schönsten Friesen in ganz Holland zusammengekauft.» Was Fredy Knie jun. gerne als Kompliment hinnahm. Im Gegenzug lud sie ihn ein, die königliche Kutschensammlung und Sattelkammer zu besichtigen. Da war das Staunen dann seinerseits.

Stelldichein im Stall:
Königin Beatrix und ihr Mann Prinz Claus umgeben von der Familie Knie.

Theater Carré und Weltweihnachtscircus Stuttgart

Das Theater Carré wurde Ende des 19. Jahrhunderts vom deutschen Zirkusdirektor Oscar Carré als Circus Carré in Amsterdam erbaut. Die erste Zirkusvorstellung fand am 3. Dezember 1887 statt. Anfangs nur für die Wintersaison geöffnet, wurde das Theater mehr und mehr für Variété und andere Darbietungen ausgebaut. Doch seit den Kriegsjahren hatte es turbulente Zeiten und war zeitweise sogar geschlossen.

Zu diesem Theater hat Fredy Knie jun. eine ganz besondere Beziehung. Er kannte die Geschichte des Hauses und war sehr beeindruckt, als er zum ersten Mal im Aufführungssaal stand. Anfang der Achtzigerjahre setzten sich zwei Produzenten und Medienfachleute namens Wout van Liempt und Henk van der Meijden mit dem Circus Knie in Verbindung. Sie baten um Unterstützung, damit das für den Zirkus während fast zwanzig Jahren geschlossene Theater wieder in Betrieb genommen werden konnte. Fredy Knie jun. sah dies als weitere Arbeitsstätte für Artisten, wofür er sich gerne einsetzte. Sein Vater Fredy Knie sen. liess ihm freie Hand, um die Kontakte zu knüpfen. «Mach du das», hiess es einfach.

Die Zusammenarbeit kam zustande und Fredy Knie jun. bereitete sich darauf vor, für eine erste Vorstellung mit zahlreichen Tieren nach Amsterdam zu fahren und dort aufzutreten. Alles war schon zur Abfahrt bereit, da fragte der damalige Finanzdirektor, wo denn der Vertrag sei. «Oh!», grosses Erstaunen, daran hatte man nicht gedacht. «Wir hatten Handschlag vereinbart», erinnert er sich heute noch. Um in letzter Minute einen Vertrag auszuhandeln, war es definitiv zu spät. Kurzerhand entschloss sich Fredy Knie jun. dazu, das Risiko ohne schriftlichen Vertrag einzugehen. Er konnte gar nicht glauben, dass es nicht klappen sollte. Es beruhte auf gegenseitigem Vertrauen, davon war er überzeugt. Und so war es auch. Heute, nach Jahrzehnten Zirkuserfahrung, lächelt er über seine damalige Naivität. «Es hätte schlichtweg nicht aufgehen können», meint er. «Das grösste Risiko ist immer im ersten Jahr zu erwarten. Was, wenn die Leute nicht kommen? Wenn etwas schiefgeht?»

Es ging nicht schief. Im Gegenteil. Das Theater Carré kam wieder auf die Beine und ist heute ein renommiertes Unternehmen mit Doppelnutzung für Sommer und Winter. Seit 1987 darf es auch wieder den Namen «Königliches Theater» tragen. Die Zusammenarbeit zwischen dem Circus Knie und dem Produzenten besteht seit dreissig Jahren.

Henk van der Meijden ist heute zudem Direktor der erfolgreichen Agentur Stardust GmbH und des Weltweihnachtscircus Stuttgart, wo auch Géraldine Katharina Knie seit vielen Jahren ihre Pferdenummern zeigt. Fredy Knie jun. spricht sehr freundschaftlich von Henk van der Meijden. Er mache ein professionelles und erfolgreiches Business, sei aber immer mit voller Überzeugung und Herzblut dabei. Und das seit Jahren. Zudem sei er bei allen Artisten sehr beliebt. Er sei offen und ehrlich und er halte sich an jede Abmachung. Eindrücklich sei nicht zuletzt auch seine echte Begeisterung, wenn ihm eine Aufführung gefalle. «Wenn einer klatscht wie verrückt, dann weiss man, Henk ist dabei», kommentiert Fredy Knie jun.

Produzent mit Herzblut:
Henk van der Meijden und seine Frau Monica Strotmann.

Wout van Liempt.

Fasziniert vom Circus Knie und den Tieren:
Michael Jackson mit Géraldine.

Michael Jackson

Zürich, Sechseläutenplatz. Ein Butler des Hotel Dolder wollte unbedingt den Direktor Fredy Knie jun. sprechen. Ein sehr prominenter Gast möchte die Zirkusvorstellung besuchen. Stirnrunzeln: wer es denn sei. Ein Drehen und Winden, kein Wort. Man brauche zwölf Plätze. Und einen separaten Eingang. – Der Eingang sei dort, es gäbe keinen separaten Eingang. Und das Haus sei fast ausverkauft, zwölf Plätze seien nur noch in den hinteren Rängen zu haben. Ob er denn wirklich nicht sagen könne, wer es sei. – «Michael Jackson.» Fredy Knie jun. musste schallend lachen. «Das ist sicher irgendein Double, das sich einen Spass mit uns machen will.» – «Nein, er ist es wirklich.»

Michael Jackson war inkognito in die Schweiz gereist. Er war es tatsächlich. Und er kam auch in den Circus Knie. Mit seinen Kindern und Nannys. Zwölf Plätze, Reihe elf, Holzbänke. Doch als er selbst da war, ergab sich ein ganz anderes Bild. Natürlich sei im Publikum gemunkelt worden, wer da sitze. Aber man habe sich «sehr korrekt und diskret» verhalten, erinnert sich Fredy Knie jun. Dasselbe bei den Gästen. Die Kinder seien ausgesprochen gut erzogen und hätten sich wirklich für den Zirkus und die Tiere interessiert.

Als man sich während der Pause persönlich traf, war Fredy Knie jun. genauso angetan vom grossen Popstar. Keine Allüren, sondern ein sehr sensibler, einfühlsamer Michael Jackson stand ihm gegenüber. Er sei auch äusserst schüchtern gewesen. Und wie konnte er feststellen, dass es kein Double war?

Es gab einen letzten Test, den nur Michael Jackson selbst «bestehen» konnte. Fredy Knie jun. erinnerte sich daran, dass der grosse Popstar einst die Witwe Charlie Chaplins in Vevey hatte besuchen wollen. Sie empfing zu der Zeit niemanden. Auch Bitten und Drängen nützte nichts. Da wurden die guten Beziehungen der Familie Knie genutzt, um Einlass in das Haus Chaplin zu bekommen. Rolf Knie jun. sollte sich doch darum bemühen. Er versuchte es und hatte tatsächlich Erfolg, sodass Oona Chaplin bereit war, Michael Jackson in ihrem Haus zu empfangen. Der Chauffeur verfuhr sich und man musste auf die Gäste warten, was die Gastgeberin sichtlich ärgerte und Rolf Knie jun. sehr beschämte. Doch dann kamen sie doch noch, und es entstand genau derselbe Eindruck wie bei Fredy Knie jun.: Michael Jackson war ein schüchterner, einsamer, aber sehr interessierter Mensch und keine Popikone, wie man ihn öffentlich präsentierte.

Fredy Knie jun. erzählte von dieser Begegnung in der Pausenloge des Circus Knie. Ja, Michael Jackson konnte sich daran erinnern. Er war es tatsächlich.

Mary Chipperfield

Mary Chipperfield stammt aus der gleichnamigen englischen Zirkusdynastie. Durch die Heirat ihrer Mutter, Rose Chipperfield (eine geborene Purchase) – die mit Löwen auftrat –, kamen zwei Zirkusfamilien zusammen. In den Dreissigerjahren wurden sie über England hinaus berühmt. Tochter Mary Chipperfield und ihr Mann Richard Cawley waren aktiv an der Gründung des Longleat Safari Park beteiligt.

Sie sei schon immer eine absolute Tierliebhaberin gewesen. Als junges Mädchen habe sie alle möglichen Tiere mit der Flasche aufgezogen, wenn sie irgendwo ausgestossen worden waren. Sie in ihrem Haus zu besuchen, sei immer für eine Überraschung gut gewesen, weil dort immer auch ganz verschiedene Tiere lebten. Dazu ist sie eine Pferdenärrin und eine grosse Kennerin von Pferden. Wenn Fredy Knie jun. auf der Suche nach Pferden aus Spanien sei, schicke er sie danach aus, sagt er. Bereits die Eltern der Familien Knie und Chipperfield waren miteinander befreundet. Mary Chipperfield ist die Patin von Géraldine Katharina Knie. Sie lebt heute in Spanien.

Mary Chipperfield mit einem ihrer «Haustiere», einem Gepard.

Sir Peter Ustinov

besucht Fredy Knie jun. und Franco Knie jun. im Pressewagen des Circus Knie.

Charles Aznavour,

ein treuer Zirkusbesucher, und Fredy Knie jun.

Audrey Hepburn

war mit der Familie Knie gut befreundet, hier mit Mary-José Knie.

Anstossen mit **Plácido Domingo.**

Alain Delon

umschwärmt von Mary-José und Géraldine Knie.

Heinz Spoerli

Fredy Knie jun. mit Heinz Spoerli. Er machte für Mary-José Knie die Choreografie für die Pferdenummer «Carmen».

Maurice Béjart

Entzückt vom «Karussell»: Als Maurice Béjart das Karussell mit achtzehn Pferden zu «Bolero» von Maurice Ravel im Circus Knie sah, konnte er nicht widerstehen und besuchte von da an jedes Jahr die Aufführung in Lausanne.

Stargast **Roger Federer**

mit Fredy Knie jun., Mary-José Knie und Ivan Frédéric.

Phil Collins

mit Géraldine.

... und Tieren

Tauben und Tiger

Die von Fredy Knie sen. kompromisslos vermittelten Grundlagen der Pferdeausbildung bildeten das solide Fundament für den Aufbau einer beispiellosen Karriere als Tierlehrer, die der ältere Sohn später – während mehr als einem halben Jahrhundert – selbst entscheidend geprägt hat. Fredy Knie jun. wollte nicht nur von Anfang an seinem Vater nacheifern und dessen vorgelebte «eiserne Disziplin» verinnerlichen, nein: es gelüstete ihn auch, die übernommenen Methoden kritisch zu hinterfragen und nach anderen möglichen Vorgehensweisen zu suchen.

Wer die Gabe besitzt, Zirkuspferden das «Abc» zu lehren, verfügt zumeist auch über die Fähigkeit, leistungswillige Kamel- und Rinderartige gekonnt in der Manege vorzustellen. Bereits 1964 begeisterte Fredy Knie jun. das Publikum mit seinem ersten grossen Exotentableau, in dem sechs Trampeltiere und Hornträger unterschiedlicher Formen vereint auftraten. Der Höhepunkt der Darbietung war jedoch der Ritt auf dem Netzgiraffenbullen Lucky, der im Zoo Antwerpen zur Welt gekommen war. Zwei weitere Vertreter der grössten Wiederkäuerart, Malik und Kimali, waren desgleichen lange Jahre die erklärten Lieblinge der Zirkusbesucher. Klar: Auch Juba, das vielgereiste weibliche Flusspferd, gehörte zu den Stars der Manege. Ungeachtet ihres hin und wieder eigenwilligen Gebarens liess sie sich 1980 zu einem unvergesslichen Stelldichein «überreden», worunter in jeder Vorstellung die eindrucksvolle – und einmalige – Zusammenführung von vier afrikanischen Grosssäugern zu verstehen ist: Breitmaulnashorn Zeila, Rothschild-Giraffe Malik, Steppenelefant Malajka und, eben, Juba.

Juba sorgte gerne mal für Überraschungen. Während der Vorstellungen liess man sie jeweils auf der Wiese rund ums Zelt grasen, erst für die Nacht brachte man sie zurück in ihr Gehege mit Bassin. Eines Nachts, es war in Luzern, musste man buchstäblich nach ihr suchen. Ein Flusspferd ist ja nun eigentlich unübersehbar, zumal in unseren Landen. Doch Juba war unauffindbar. Man suchte am See, dort vermutete man sie zuerst. Nach vier Stunden – es war bereits finsterste Nacht – gab man auf. Bei Tageslicht würde sie bestimmt wieder sichtbar werden. Vorsichtshalber informierte der Circus Knie die Polizei. Das sei dann kein Witz, falls jemand ein Flusspferd finde. Aber keine Sorge, es sei absolut ungefährlich. →

Fredy Knie jun. als kleiner Junge auf Flusspferd Juba.

Tigerin India geniesst das kühle Brunnenwasser:
Einen Tiger zu baden verlangt höchste Konzentration.
→

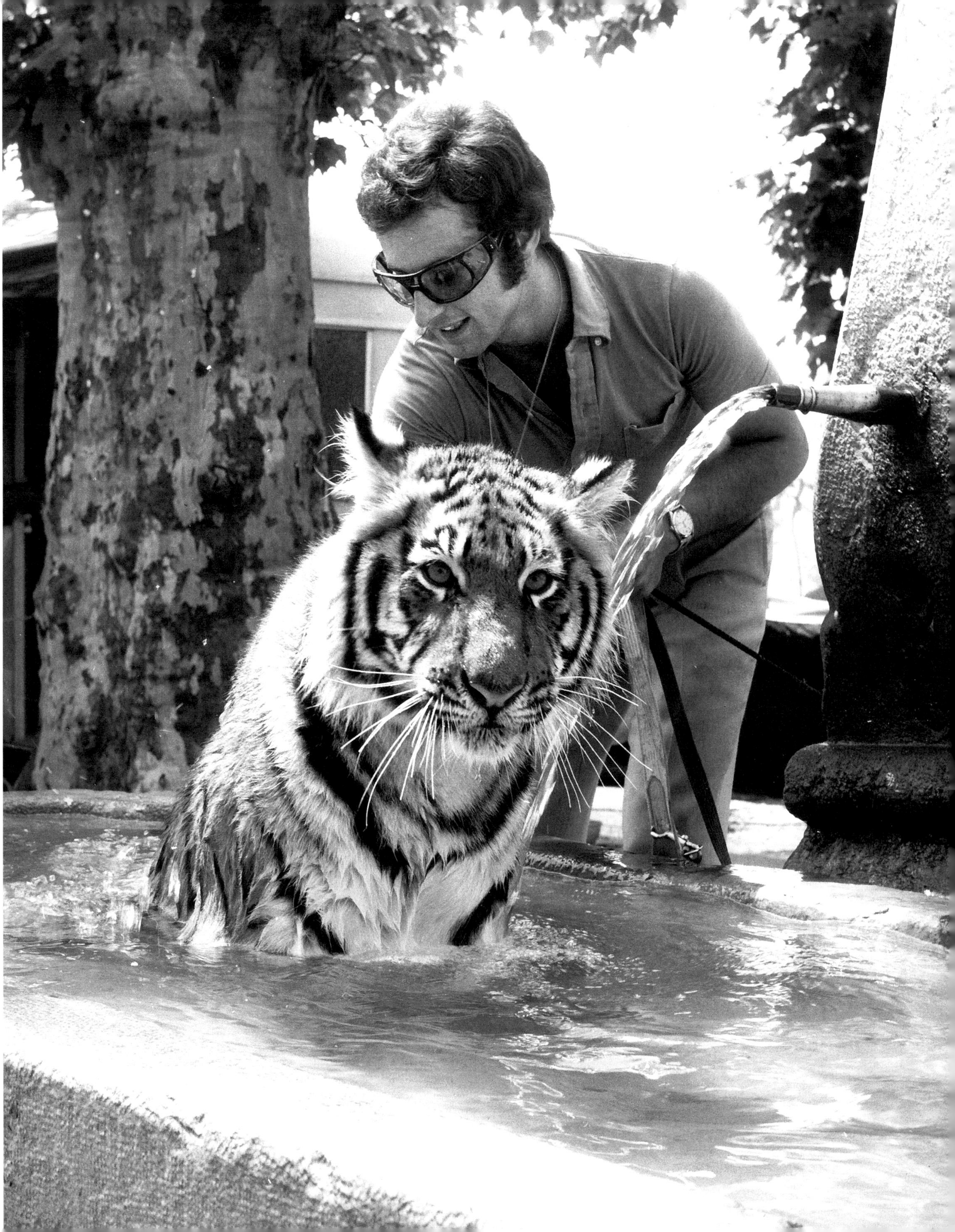

Am nächsten Morgen ging die Suche weiter. Doch der Anruf kam dann tatsächlich von der Polizei. Ein Paar hatte sich während seines morgendlichen Spaziergangs am Waldrand auf eine Bank gesetzt. Da begann es plötzlich hinter ihnen im Gebüsch zu rascheln. Die beiden Spaziergänger staunten nicht schlecht, als ein Riesentier ans Tageslicht kam, und erschraken fast zu Tode. Dass ihnen die Polizei sofort glaubte, als sie anriefen, war vermutlich die zweite Überraschung des Tages. Juba verliess ihre Nachtschlafstelle und wurde zur Beruhigung aller wieder Zirkustier.

Fredy Knie jun. hat es immer wieder verstanden, Tiernummern von hoher Ästhetik zu kreieren. Dabei spielt es keine Rolle, welcher Art die Akteure angehören. Hunde sind ihm genauso lieb wie Papageienvögel, Pfautauben oder Tiger. Grosskatzen, weiss er aus Erfahrung, sind leichter auszubilden als Pferde. Doch Tiger benötigen, damit sie sich wohlfühlen, weiträumige Gehege, die hierzulande an vielen Gastspielorten aus Platzmangel nicht mehr aufgestellt werden können. Daher verzichtet Fredy Knie jun. seit 2005 wohlweislich auf die Präsentation dieser imposanten Katzen in seinem Unternehmen. Fortschrittliches Denken bewies er schon 1969, wie die folgende kleine Schilderung illustriert: Der besorgte Tierlehrer wollte für die Tigerin India auf der Tournee ein Aussengehege bereitstellen. Ob er meine, das Tier «vergolden» zu müssen, meinte sein Onkel dazu. Doch Fredy Knie jun. liess sich nicht von der Idee abbringen und India durfte sich fortan während der Tournee im Aussengehege bewegen.

Juba in der Manege, von Fredy Knie jun. lediglich mit einer Reitgerte geführt.

Fredy Knie jun. und unterschiedliche Schüler:
Tiger ...
Trampeltiere ...
Turopolje-Schweine ...
Giraffenbulle Lucky.

Parzi – ein Ausnahmepferd

1961 war, wie sich später herausstellen sollte, für Fredy Knie jun. ein Glücksjahr. Sein Onkel Rolf Knie sen. hatte zu der Zeit die Aufgabe, Pferde für den Circus einzukaufen. In Spanien fand und kaufte er folglich, gewissermassen als Frühlingsboten, zwei junge Pferde. Der Apfelschimmel hörte auf den Namen Parzi. Der Braune, sein Fell war kastanienfarben, hiess Provinciano. Die obligatorische Schulzeit beendet, bot sich im darauffolgenden Jahr dem Reiterschüler reichlich Gelegenheit, um alle Pferde im elterlichen Unternehmen ausgiebig kennenzulernen. 1962 gab Fredy Knie jun. sein Manegendebüt. In einer Freiheitsdressur führte er souverän Ponys und Pferde vor und machte in einer mit dem Vater gemeinsam präsentierten Hohen Schule zu den Melodien aus dem Musical «My Fair Lady» auf sich aufmerksam. Dann, nur zwei Jahre nach der ersten Begegnung zwischen ihm und Parzi, ritt der 17-Jährige mit sichtbarem Stolz sein Lieblingspferd in den Vorstellungen der 1963 durchgeführten Tournee.

Vater Fredy Knie sen. hatte schon früh erkannt, dass sich sein älterer Sohn mit dem Andalusierhengst in besonderem Masse verbunden fühlte – dass die beiden ein Herz und eine Seele waren. Noch im selben Jahr, am 30. September, dem Geburtstag von Fredy Knie jun., wurde ihm nach Vorstellungsschluss in Fleurier – vor den Augen des Publikums – Parzi, geschmückt mit Schleife und Blumen, als unerwartetes Geschenk überreicht. Die Überraschung war perfekt.

Das Geburtstagsfest setzte sich bis morgens um vier Uhr im Wohnwagen von Grossmutter Margrit Knie-Lippuner fort. Als die Seniorin vor versammelter Gesellschaft ihren Sohn fragte, ob sich der Enkel heute einen freien Tag gönnen dürfe, meinte Fredy Knie sen. lapidar: «Jetzt wird erst recht trainiert.»

Parzi, seinerzeit als «rohes» Pferd aus dem Herkunftsland in die Schweiz importiert, und sein ehrgeiziger Partner, der in der Ausbildung von Pferden noch keine grosse Erfahrung vorweisen konnte, hatten gegenseitig voneinander gelernt. Die zwei unterstützten sich bei allem Tun mit entscheidender Willenskraft. Fredy Knie jun. war, laut eigener Aussage, geradezu besitzergreifend. Niemand anders durfte das Pferd reiten. Auch der Vater nicht. Der im Übrigen nie danach gefragt hat. Fredy Knie jun. hätte wohl nichts gegen diesen Wunsch einzuwenden gehabt und bei seinem Vater sicher eine Ausnahme gemacht. Parzi genoss wie ein Hund Familienanschluss. Einmal, erinnert sich der Pferdeausbildner, habe sein vierbeiniger Freund die draussen auf dem Esstisch bereitgestellten Rüebli, welche für die Zubereitung eines Salats vorgesehen waren, mit einem Schlag weggeputzt. Mutter sei anfangs entsetzt gewesen; doch sie habe ihrem «Fredely», der das Malheur absichtlich verursacht hatte, schnell verziehen.

Neben solchen und anderen Spässen stand – Disziplin grossgeschrieben – die seriöse Ausbildung im Vordergrund. Pferd und Reiter hatten im Laufe der Zeit zu einer völligen Übereinstimmung gefunden. Deshalb war der Gedanke, Parzi als Schulpferd ohne Zaum und Sattel in einer eigens einstudierten Nummer →

Gelungene Geburtstagsüberraschung.

Parzi – Sinnbild für die aus Andalusien stammende Rasse Pura Raza Española PRE.
→

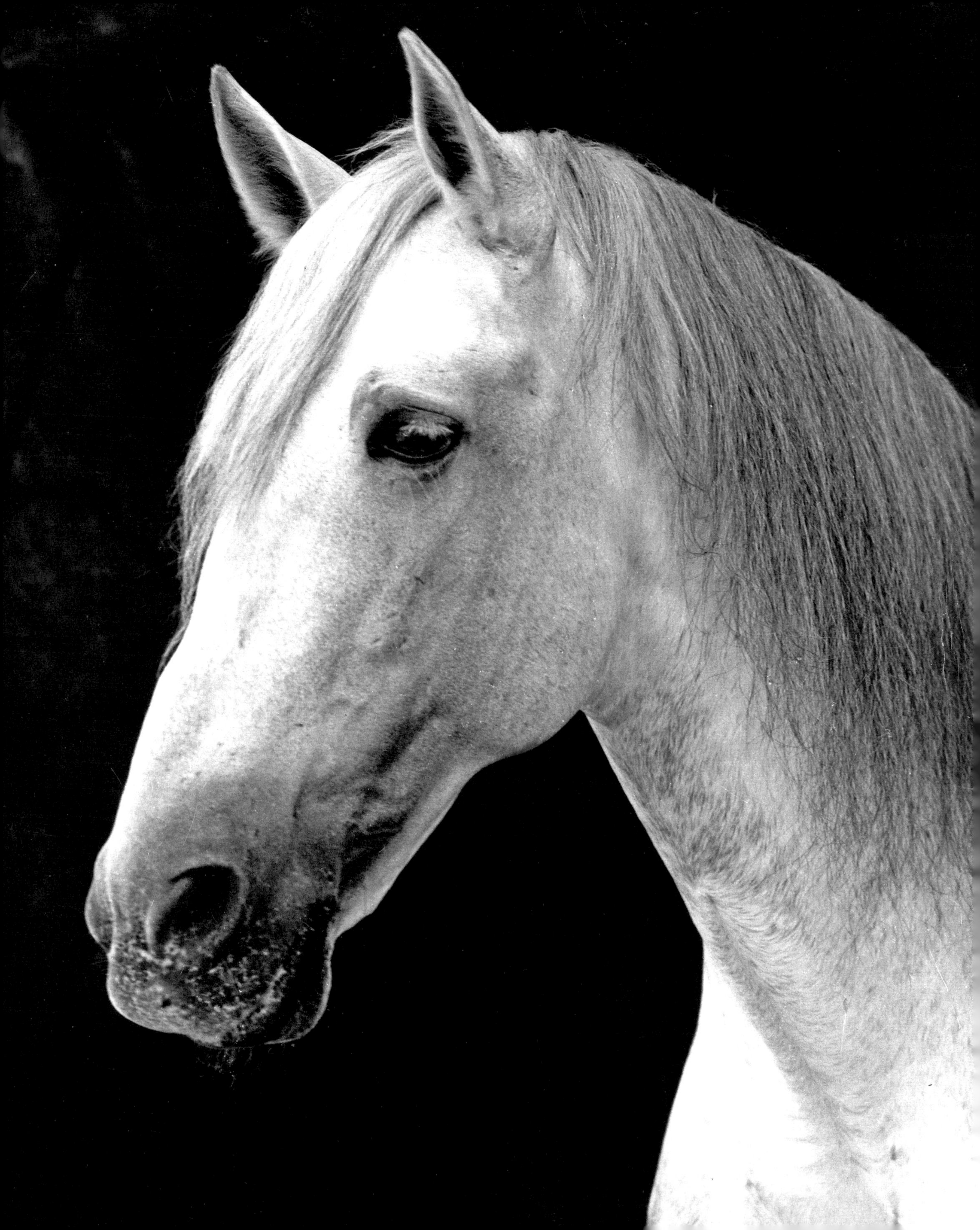

Am Ende der Nummer, das Schlusskompliment.

vorzustellen, keineswegs abwegig. Schliesslich waren alle Voraussetzungen für eine derartige Zirkuspräsentation der Hohen Schule gegeben. Was dem Vater 1945 mit Rablo, einem weissen Anglo-Araber aus Ungarn, gelungen war, müsste auch Fredy Knie jun. vollbringen können. Und siehe da, 1970 wiederholte sich das Aussergewöhnliche: Parzi zeigte, ohne Zaum, ohne Sattel, von seiner Vertrauensperson lediglich mit einer kurzen Reitgerte gelenkt, alle Lektionen der klassischen Reitkunst in höchster Vollendung. Eine Leistung, die ohne gegenseitiges Vertrauen niemals möglich gewesen wäre.

Nach all den gemeinsam verbrachten Jahren, den unzähligen Stunden geduldigen Probens und der langen Ausritte, auf die weder Fredy Knie jun. noch Parzi verzichten wollten, ist eine Beziehung entstanden, wie sie zwischen Mensch und Pferd nur selten vorkommt. Parzi vermochte seine Gefühlsregungen und Empfindungen auf vielfältige Weise auszudrücken. Das ging so weit, dass er nach einer misslungenen Übung die hingehaltene Belohnung nicht annahm. Die Sprache war das Einzige, was dem Pferd fehlte.

In hohem Alter wurde Parzi von einer Kniearthrose heimgesucht. Die starken Schmerzen bewirkten, dass sich das Pferd zuletzt nur noch auf drei Beinen humpelnd fortbewegen konnte. Es war für Fredy Knie jun. die schwerste Entscheidung in seinem Leben, dem Freund zuliebe, Parzi, 28-jährig, im Stall einschläfern zu lassen.

«Die Sprache war das Einzige, was Parzi fehlte.»

Fredy Knie jun.

Ohne Zaum und Sattel!

Eine von vielen Lektionen, die das Paar aus dem Effeff beherrscht.

Wie lebende Porzellanfiguren: Fredy Knie jun. und Parzi.

Diesmal mit klassischer Zäumung.

Ein Hauch von Afrika in der Manege.
Auf, India ...
Sitz, brav ...
Ab!

Weltpremiere:
Ein Nashorn in der Manege

Die klare Bedingung des 1860 gegründeten niedersächsischen Tierhandelsunternehmens L. Ruhe KG in Alfeld an der Leine, das sich seiner marktführenden Vorrangstellung bewusst war, mussten die potenziellen Interessenten diskussionslos akzeptieren: Zwei Nashörner oder keins! So kam es, dass der Circus Knie im Herbst 1966 zwei Südliche Breitmaulnashörner (Ceratotherium simum simum) sein Eigen nennen konnte. Die in Afrika geborenen Tiere waren zum damaligen Zeitpunkt schätzungsweise vier Jahre alt. Zoogeburten waren erst später zu verzeichnen. Der Bulle lebte das ganze Jahr in Knies Kinderzoo, die Kuh fand im mobilen Zirkuszoo ein neues Zuhause, und im Winter lebten sie zusammen.

Nach absolviertem Militärdienst kehrte Fredy Knie jun. 1967 wieder ins zivile Leben, in die ihm bekannte Zirkuswelt zurück. Es war Sommer, und Zeila, das nach einer Stadt in Somalia benannte weibliche Nashorn, hatte sich in einem für das Tier fremden Umfeld überraschend schnell eingewöhnt. Angesichts dessen schwebte dem jungen Tierlehrer vor, Zeila in der Manege zu präsentieren. Probieren kann man immer, dachte Fredy Knie jun.

Zuerst musste jedoch der Vater seine Einwilligung geben. Die anfängliche Skepsis des erfahrenen Zirkusmannes war berechtigt. Noch nie zuvor war ein Nashorn im Zirkus aufgetreten – an keinem Flecken der Erde. Niemand hätte also um Rat gefragt werden können. Fredy Knie jun. war bei der Verwirklichung seines Vorhabens ganz auf sich alleine gestellt. Die in der Pferdeausbildung angewandte bewährte Methode lehrte ihn, intuitiv das Richtige zu tun: Vertrauen aufbauen – Vertrauen festigen – Vertrauen vertiefen. Ein Nashorn, das sich nicht in Sicherheit wähnt, neigt naturgemäss zu Reaktionen, die nicht nur das Tier selbst, sondern auch alle anderen Lebewesen in unmittelbarer Nähe ernsthaft gefährden können. Mit Halfter und Longe lassen sich zwei Tonnen Lebendgewicht nicht im Zaum halten. Fredy Knie jun. war sich darüber im Klaren, dass bei Zeila kein Gefühl der Bedrängnis aufkommen durfte. Um fatale Folgen zu verhindern, musste der zum Wagen führende, links und rechts verbarrikadierte Fluchtweg stets freigehalten werden.

Mithilfe einer blechernen Futterschale, die als Lockmittel an einem Strick vor dem Maul des Nashorns hergezogen wurde, durch enorm viel Geduld und beruhigendes Zureden sowie ständiges Belohnen erreichte der Ausbildner aufgrund seiner beharrlichen Arbeit, dass ihm Zeila Schritt auf Tritt in die Manege – und später überallhin – folgte. Dann, 1968, die Sensation: Fredy Knie jun. und Zeila arbeiteten zum ersten Mal gemeinsam vor Publikum. Ein Novum. Weltweit.

1969, im Folgejahr, kam India, die Bengaltigerin, zur Welt. Das Jungtier wurde in der Obhut von Fredy Knie jun. rasch zahm, innert Kürze leinenführig. Die enge Vertrautheit zwischen Mensch und Grosskatze erlaubte dem ungleichen Paar, nicht nur gemeinsame Spaziergänge zu unternehmen, sie war zudem das vorauszusetzende sichere Fundament für die Einstudierung einer Tiernummer, welche schlichtweg undenkbar schien. Da kein Tierlehrer es bislang gewagt hatte, einen Tiger auf einem Nashorn reiten zu lassen, waren alle Kollegen der Ansicht, dass diese beiden Tierformen nur schwer und mit viel Geduld zusammengeführt werden können. Die Zirkusleute wurden, wie die Öffentlichkeit weiss, eines Besseren belehrt. →

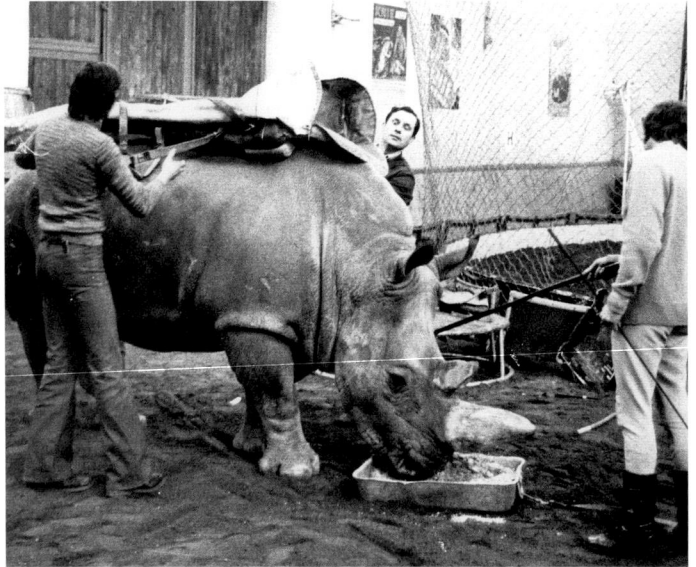

Der Sattel, in millimetergenauer Massarbeit gefertigt, darf nicht rutschen.　　　　Da gehts zur Probe.

Nach aufwendigen Proben, die während zweier Jahre täglich frühmorgens und spätabends stattfanden, zeitigten die Anstrengungen von Fredy Knie jun. Erfolg. Zeila duldete willig die von Sattlermeister Günter Lindig massgefertigte Sitzfläche (eine Art Panneau) auf ihrem Rücken – und India obendrauf. Eine weitere Weltpremiere; ein Meilenstein in der Zirkusgeschichte. Von der einzigartigen Darbietung waren Publikum und Fachleute gleichermassen begeistert.

Professor Dr. Dr. h.c. Heini Hediger, der von 1953 bis 1973 in Zürich das Amt des Zoodirektors innehatte, war für sein reges publizistisches Schaffen bekannt. Der Basler Zoologe gilt seit seiner 1942 erschienenen Buchveröffentlichung «Wildtiere in Gefangenschaft» als Begründer der Tiergartenbiologie und hielt sich zwecks tierpsychologischer Studien regelmässig im Circus Knie auf. Zahlreiche Aufsätze, in denen er sich mit ungeklärten Fragen auseinandersetzte, zeugen davon. Das Symbiotische – die Gemeinsamkeit – an der Tier-Mensch-Beziehung hat ihn als Wissenschafter besonders interessiert. «Warum ist das Unmögliche möglich?» lautet die Überschrift eines von ihm verfassten Zeitungsartikels. Darin beschreibt Hediger äusserst subtil die von Fredy Knie jun. 1972 erstmals in einer Zirkusmanege arrangierte Begegnung zwischen einem Bengaltiger und einem Südlichen Breitmaulnashorn. Die später von keinem anderen Tierlehrer erreichte Dressurleistung «illustriert die geradezu unerhörte Wirkung des Menschen als Katalysator tierlichen Verhaltens», würdigt der Kenner Fredy Knies Leistung.

Wer mit einem Nashorn zusammenarbeiten will, braucht Geduld, Geduld und noch einmal Geduld.

Weltpremiere! Fredy Knie jun. und Zeila, das erste in einer Zirkusmanege vorgeführte Nashorn.

Auch Honorarprofessorin Dr. Dr. h.c. Monika Meyer-Holzapfel, die an der Universität Bern im Nebenamt Tierpsychologie, Verhaltensforschung und Biologie lehrte, hauptberuflich aber dem Tierpark Dählhölzli über ein Vierteljahrhundert lang als Verwalterin vorstand, hatte als fleissige Autorin mit einer feinen Beobachtungsgabe die Nashorn-Tiger-Dressur in einem ihrer Textbeiträge der Leserschaft «aus tierpsychologischer Sicht» detailgenau geschildert und begreifbar gemacht: «Diese Präzisionsleistung der Tigerin ist der meisterhaften Dressurkunst von Fredy Knie jun. zu verdanken, die man nicht genug hervorheben kann. Ein Rezept für solches Können gibt es nicht. Kenntnis des Charakters der Tiere ist notwendige Voraussetzung, aber ebenso eine Einfühlungsgabe, die nicht erlernbar ist.»

Tiger und Nashorn friedlich vereint. Ein Bild, das auch Fredy Knie sen. tief beeindruckt hat. Es war jener Moment, in dem er seinem Sohn zum ersten Mal ein Lob zuteilwerden liess.

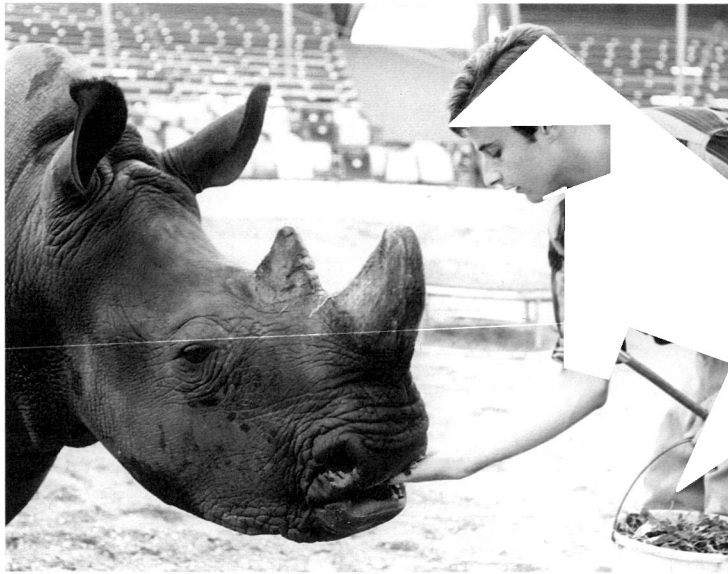

Friedfertige Begegnung.

Belohnung aus der Hand des Tierlehrers.

Eine Notiz am Rande:

Das gesundheitliche Wohlbefinden von Zeila lag auch Bogdan am Herzen. Der polnische Tierpfleger kümmerte sich rührend um das brave Nashorn. Als sich sein Schützling eines Tages wie aus heiterem Himmel auffällig und sonderbar verhielt, war die Sorge gross. Was wäre, wenn sich bei Zeila eine Erkrankung anbahnen würde? Die angeordnete Fiebermessung bestätigte, dass eine medizinische Untersuchung nicht erforderlich war. Die Vermutung von Fredy Knie jun. stellte sich als richtig heraus: Zeila befand sich im Östrus (Brunft).

Umsorgt und gut aufgehoben: Veteranen im Rapperswiler Winterstall

Wie alt können Zirkuspferde werden und was geschieht mit ihnen, wenn sie nicht mehr in den Zirkusvorstellungen mitwirken? Wenn die Scheinwerfer, im eigentlichen und übertragenen Sinn, ausgehen?

Eines gleich vorweg: Der Circus Knie trennt sich in der Regel von keinem seiner angejahrten Tiere (ausgenommen, die Pferde können auf Wunsch an ausgewählte Plätze abgegeben werden). Im Winterquartier in Rapperswil-Jona verfügt das Unternehmen über ausreichende räumliche Kapazitäten und Fachpersonal, um seinen verdienten Pferden in ihrem letzten Lebensabschnitt ein würdevolles Dasein zu ermöglichen. Dort gestaltet sich für sie der strukturierte Tagesablauf mehr oder weniger gleich wie seinerzeit auf Tournee, allerdings unter Berücksichtigung der individuellen physischen Verfassung. «Unsere Tiere sollen nicht das Gefühl haben, sie seien auf dem Abstellgleis gelandet», bemerkt Fredy Knie jun. nachdrücklich. Gemächliche Spaziergänge, der Aufenthalt im Paddock oder auf der Weide, das Gymnastizieren in der Halle kommt Pferden aller Altersstufen zugute.

Auch Bolero fühlt sich im aktiven Ruhestand sichtlich wohl. Als talentiertes Schulpferd der Rasse Altér Real, die auf Betreiben portugiesischer Adliger in der Region Alentejo entstanden ist, macht der 26-jährige stattliche Hengst seiner noblen Herkunft alle Ehre. Noch immer, versichert seine Pflegerin, zeichne sich der Braune durch ein ausgeglichenes Wesen und einen umgänglichen, liebenswerten Charakter aus. Bolero ist nicht der einzige Schützling, der die einst eingeübten Lektionen nicht vergessen und auch im Alter seine Lernfähigkeit bewahrt hat. Viele Zirkustiere bleiben als Folge einer abwechslungsreichen Ausbildung in jungen Jahren zeitlebens geistig und körperlich regsam.

Die zumeist nicht nachweisbaren Angaben über das (angeblich erreichte) Höchstalter von Pferden liegen weit auseinander. Wahr ist, dass die Lebenserwartung von Grosspferden etwa dreissig Jahre beträgt.

Den Hengst Bolero erhielt Géraldine Katharina Knie als Geschenk von ihrem Grossvater nach einer erfolgreich beendeten Tournee im Circus Roncalli, der sie zusammen mit achtzehn Pferden 1993 für ein Engagement verpflichtet hatte.

Tiere im Zirkus

Dass ein Zirkusunternehmen, welches den Zeitgeist respektiert, die ideale Einrichtung für die Haltung von umsichtig ausgewählten Tierarten sein kann, versteht sich – bei objektiver Sichtweise – von selbst. Es braucht jedoch mehr anschauliche Beispiele, welche die persönliche Überzeugung untermauern. Ein Kriterienkatalog, der tierschutzrelevante Fragestellungen beantworten soll, muss nach messbaren Indikatoren aufgebaut sein. Das psychische Wohlbefinden der Tiere nicht aus den Augen zu verlieren, muss eines der vorrangigen Ziele sein.

In der Mitte des 18. Jahrhunderts wurden die ersten Zirkusse und Wandermenagerien aus der Taufe gehoben. Die Besitzer unterschiedlichster Tiersammlungen waren umtriebige Geschäftsleute und fuhren satte Gewinne ein. Als wilde Bestien dargestellt, noch dazu der Lächerlichkeit preisgegeben, waren die von ihnen vorgezeigten – für die damalige Zeit exotischen – Wesen ohne Unterbruch den neugierigen Blicken der Massen ausgesetzt, die ihre Schaulust befriedigen wollten. Andere Ansprüche sind bis weit ins 20. Jahrhundert nicht gestellt worden.

Warum will heute ein moderner Zirkus Tiere halten? Eine Rechtfertigung für die Versäumnisse der Vergangenheit einzufordern, ist wenig hilfreich. Das Publikum für die Aspekte der Mensch-Tier-Beziehung zu interessieren und es für die Tierwelt zu faszinieren, gleichzeitig aufzuzeigen, dass Tierschutz und Tierwohl untrennbar miteinander verbunden sind, sollte jedes Zirkusunternehmen zu seinem Hauptzweck erklären. Dazu muss es den Grund für die Anschaffung eines Tieres benennen und die Artenwahl besonders sorgfältig bedenken. Das Wohlbefinden des Tieres muss in jedem Falle oberstes Gebot sein.

Jeder Zirkusbetreiber ist darauf angewiesen, dass sein Unternehmen in der Öffentlichkeit akzeptiert wird. Dazu muss er zuallererst – dem Tier zuliebe – die hohen qualitativen Haltungsstandards, die den neuesten biologischen Erkenntnissen entsprechen, beachten. Dressurdarbietungen, die nicht auf anerkannten Ausbildungsmethoden basieren oder gegen die Würde des Tieres verstossen, sind kategorisch abzulehnen. In einem modernen reisenden Zirkusunternehmen sollten heute nur solche Tierarten mitgeführt werden – unabhängig davon, ob es sich um Haus- oder Wildtiere handelt – die unter den gegebenen Bedingungen tierschutzgerecht gehalten werden können. Der Circus Knie betrachtet diesen Grundsatz als eine Selbstverständlichkeit.

Aber: Was heisst «tierschutzgerecht»? Der Begriff wird von jeder Generation wieder neu interpretiert. Immer wieder propagieren Organisationen sogenannte «schwarze Listen», wonach im Zirkus die Haltung bestimmter Tierarten verboten werden soll. In der Tat haben die verschiedenen Tierarten die unterschiedlichsten Haltungsansprüche. Wichtigste Voraussetzung für die tierschutzgerechte Haltung sind jeweils die tierpflegerischen Fachkenntnisse und deren konkrete Umsetzung. Die eigene Einschätzung sollte auf jeden Fall mit der externen (unabhängigen) Beurteilung übereinstimmen.

Ein Zirkus hat nicht zuletzt die Aufgabe, die Kommunikation zwischen Mensch und Tier zu fördern und stärker ins Bewusstsein zu rücken. Tiere im Zirkus wollen beschäftigt sein, und ihr Wohlgefühl muss als übergeordnetes Leitziel postuliert werden. Dass dies möglich ist, zeigt der Circus Knie immer wieder neu. Tiere sind gleichwertige Partner, sie sind Lebewesen. Nur unter dieser Prämisse kann ein Zirkus seine Aufgabe ethisch korrekt erfüllen.

> «Tiere sind gleichwertige Partner, sie sind Lebewesen.»
>
> Fredy Knie jun.

«Viel Glück auf den Weg für Géraldine.»
Kartenmotiv von Hans Erni zu Géraldines Geburt 1973.

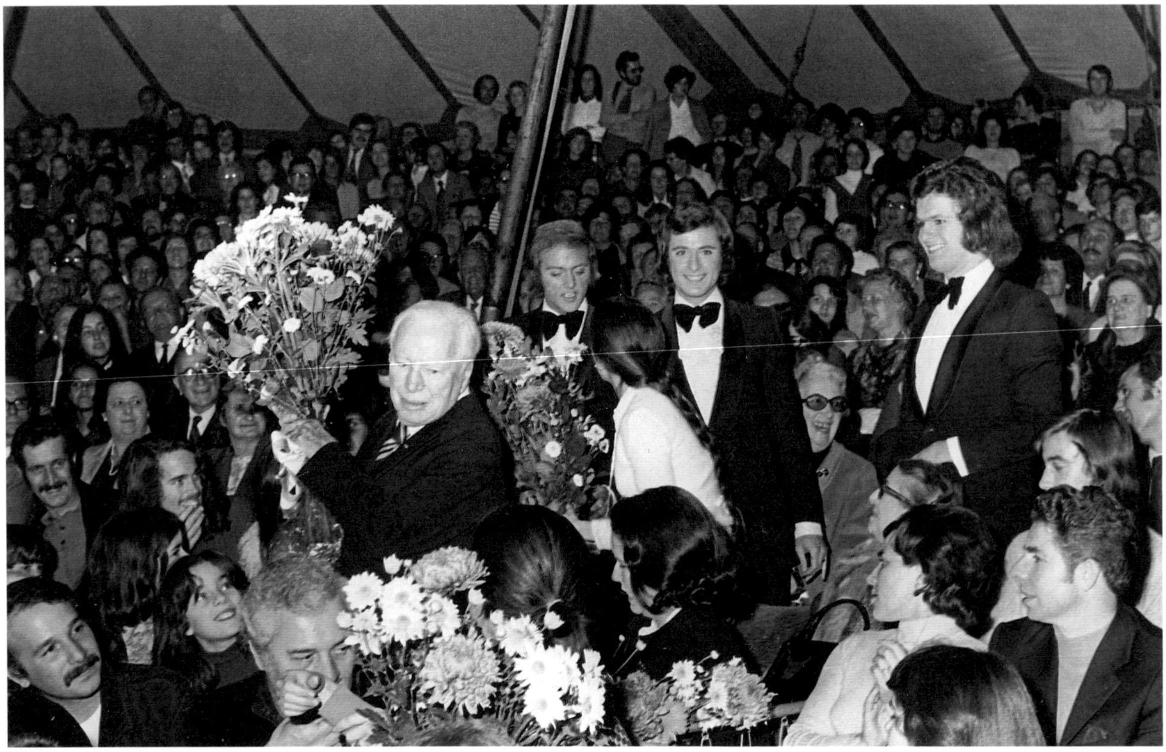

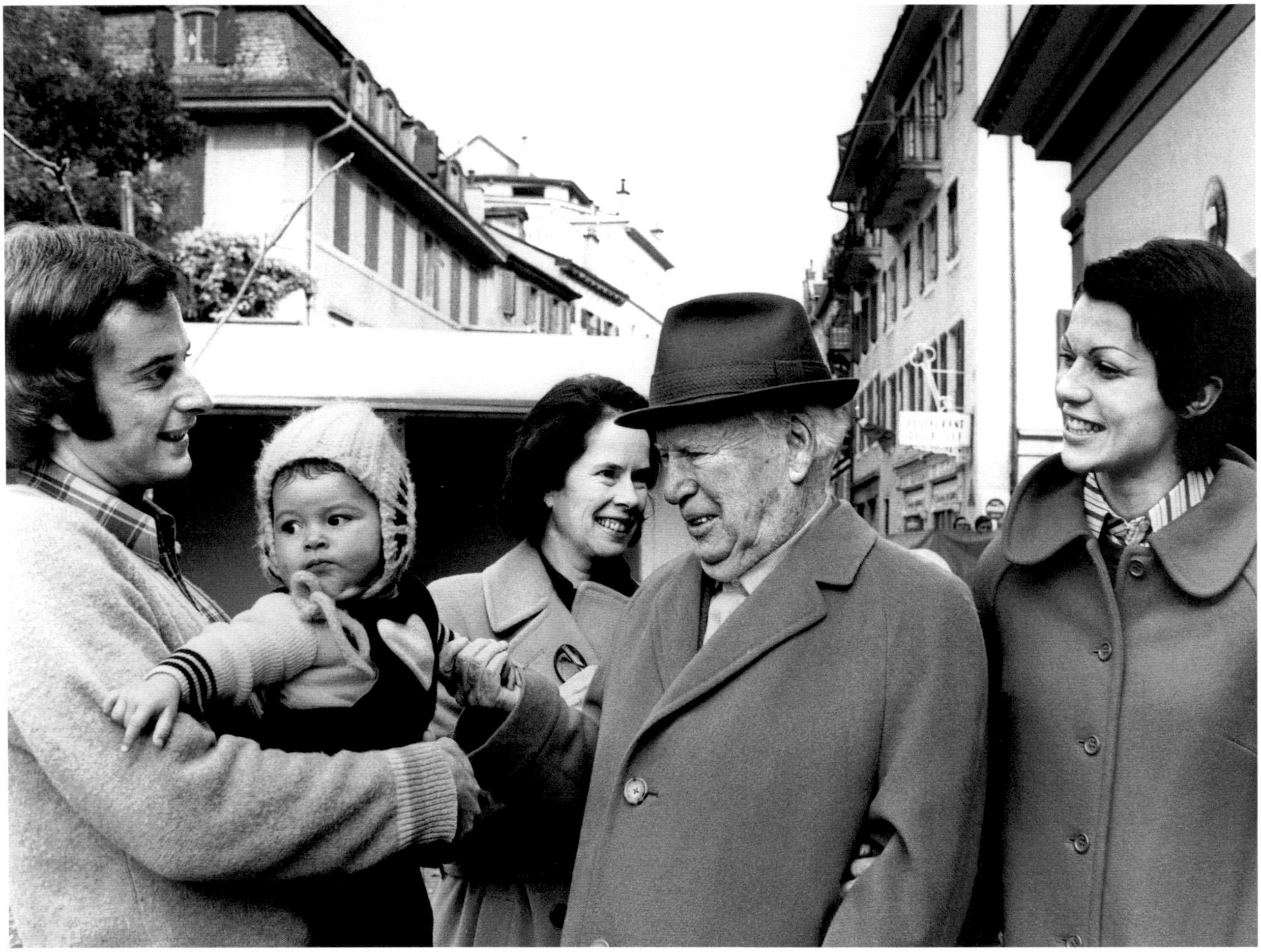

... und besonderen Künstlern

Charlie Chaplin

Charlie Chaplin war im Herzen ein Circus-Knie-Fan. Er hatte nicht nur selbst einen Film mit dem Titel «The Circus» gedreht, für den er 1929 einen Ehrenoscar erhalten hatte, Zirkus war auch seine Welt. Gastierte der Circus Knie in Vevey, an seinem späteren Wohnort, besuchte Chaplin jede Vorstellung mit seiner ganzen Familie. Dies bis in sein hohes Alter.

In Vevey gab es eine Art Ritual. Kurz vor acht Uhr, als die Zirkusvorstellung begann, nahm Chaplin seinen Platz unter den Zuschauern ein. Dazu spielte das Orchester die Musik aus «Limelight» oder andere berühmte Chaplin-Melodien. Sofort erhob sich das Publikum zu Standing Ovations, was damals noch eine Seltenheit war. Man wusste es zu schätzen, den berühmten Star im Zelt zu wissen.

In dem Jahr, als Mary-José Knie schwanger war, drehte Chaplins Tochter Geraldine gerade einen Film in Spanien. Sie war vertraglich daran gebunden, während der Dreharbeiten das Land nicht zu verlassen. Man rätselte damals noch, ob ein Mädchen oder ein Junge zur Welt kommen würde. Ultraschall war in weiter Ferne. Als die beiden Familien – ohne Geraldine Chaplin – zusammensassen, sagte Chaplin plötzlich: «Wenn es ein Mädchen wird, heisst sie Géraldine.» Es wurde ein Mädchen. Chaplins Wunsch wurde selbstverständlich erfüllt. Den zweiten Namen Katharina erhielt Géraldine Knie aufgrund der Familientradition.

In den beiden letzten Lebensjahren Ende der Siebzigerjahre wurde Charlie Chaplin gar im Rollstuhl in das Zirkuszelt geführt. Er wollte unbedingt mit dabei sein. Doch bei der Vorstellung im Jahre 1977 in Vevey musste er in der Pause nach Hause gebracht werden, er sei zu müde, meinte seine Frau, er bedaure es sehr. Tags darauf, an einem Sonntag, kam ein Anruf, Charlie Chaplin wolle am Nachmittag den zweiten Teil der Vorstellung sehen. Er wurde mit Freuden begrüsst, und als man sich nachher zusammensetzte, erinnerte er sich an jedes kleinste Detail der Vorstellung vom Vorabend. Er starb noch im selben Jahr, am 25. Dezember, im Alter von 88 Jahren.

Als einzige Geladene ausserhalb der Familie Chaplin wurden die Knies zur Beerdigung zugelassen. Fredy Knie sen. und sein Sohn Rolf Knie jun. konnten die Einladung wahrnehmen. Es war eine grosse Ehre für die Familie Knie.

Die Verbindung zwischen den beiden Familien Chaplin und Knie hat eine lange Tradition. Fredy Knie jun. erinnert sich heute noch mit Freude daran, wie er und sein Bruder die Sonntagnachmittage oft bei den Chaplins in der Villa am Genfersee verbringen durften. Der grosse Chaplin mochte die Kinder sichtlich und spielte oft den Clown, wenn sie zu Gast waren. Er führte Schattentheater vor oder kleine Sketches, die den beiden Buben natürlich gefielen. Manchmal zeigte er auch Filme, die nie veröffentlicht worden waren. Die Chaplins hatten ein sensationelles Archiv, das nie verstaubte, sondern aktiv benutzt wurde. Auch die Diskussionen in der Chaplin-Villa waren überaus lehrreich und spannend. Man hatte sich viel zu sagen.

Trotz seiner Berühmtheit zeigte Charlie Chaplin keine Starallüren. Er war im Herzen Engländer geblieben und kannte seine Herkunft aus einfachen Verhältnissen immer. So war er in Vevey nicht nur bei den Vorstellungen des Circus Knie dabei, sondern auch beim Aufbau des Zelts und am Abend nach der Show. Er liess sich mit allen Künstlern und Angestellten gerne fotografieren, was für diese eine besondere Ehre war. Der Respekt war gegenseitig.

←
Wenn der Circus Knie in Vevey gastierte, besuchte Charlie Chaplin jede Vorstellung mit seiner ganzen Familie.
Charlie Chaplin und seine Frau Oona umringt von Fredy Knie jun., Tochter Géraldine und Mary-José Knie.

Die beiden Géraldines.
Geraldine Chaplin ist die Namensgeberin von Géraldine Knie.

Hans Erni

Der berühmte Schweizer Künstler Hans Erni ist dem Circus Knie am längsten verbunden. 1909 in Luzern geboren, wusste er aus eigener Erinnerung von der Zeit zu erzählen, als die Aufführungen noch auf Dorfplätzen und Hauptplätzen von Städten stattfanden: Von einem Haus zum andern mit der Kulisse des Schlosses im Hintergrund war ein Seil gespannt, an dem Artisten ihre Künste vorführten. Da gab es noch echte Hühnerhaut, das war Freiluftarena live.

Diese Geschichten kannte Fredy Knie jun. sonst nur von den Erzählungen seiner Grossmutter, die es auch noch selbst miterlebt hatte. Wer wie Hans Erni demselben Circus Knie fast ein Jahrhundert lang treu bleibt, ist ein echter Circus-Knie-Fan. So war es auch naheliegend, dass man ihn zum bevorzugten Plakatgestalter erkor. Seine Liebe zu Pferden, die er fast vergöttert, kam ihm da nur zugute. Er liebte sie nicht nur, er konnte sie auch zeichnen.

Wenn die Familie Knie spätabends nach den Vorführungen noch mit Hans Erni zusammensass, wusste er die Tiere der vorangegangenen Vorstellungen bis ins kleinste Detail zu beschreiben. Er sah nicht nur jeden Muskel, er konnte sich auch an ihre Bewegungen und ihre Kraftspiele erinnern und sie mit einer Genauigkeit wiedergeben, die den Künstler auszeichnete. Das erklärt auch, wie er mit nur ein paar Strichen gleichsam das Wesen der Tiere auf Papier und Leinwand einfangen kann. Hans Ernis unverkennbaren Stil kann niemand wettmachen. Seine Werke sind und bleiben einmalig.

1966 gestaltete Hans Erni das erste Plakat für den Circus Knie mit zwei Pferden, 1986 kreierte er den Jubiläumstaler. Es folgten zahlreiche weitere Kreationen von seiner Hand. Auch privat zeichnete er für Fredy Knie jun. mehrfach Glückwunschkarten und Anzeigen für ganz besondere Anlässe. So schuf er die Hochzeitsanzeige von Fredy und Mary-José Knie, die Geburtsanzeige ihrer Tochter Géraldine, die Geburts- und Taufanzeige von Enkelin Chanel sowie das Büchlein, das man Fredy Knie jun. zu seinem 60. Geburtstag überreichte.

Für das Jahr 2009 schlug die Familie Knie wiederum vor, Hans Erni für ein Plakat anzufragen. Doch fast traute man sich nicht, ihn kurz vor seinem eigenen 100. Geburtstag damit zu beauftragen. Ganz schüchtern fasste Fredy Knie jun. sich doch ein Herz und – siehe da: Hans Erni war überaus glücklich und fühlte sich geehrt, wie er selbst sagte. Es war das neunte Plakat, das er für die Familie Knie kreierte. «Pegasus» heisst es, das geflügelte Pferd. Mächtig bäumt es sich auf, genauso wie im Circus unter der Anweisung von Fredy oder Géraldine Knie. Der Künstler malt geradezu den Respekt, den er selbst vor dem Tier hat. Pferde hat Hans Erni immer mit Hingabe gemalt. So entstand auch eine besondere freundschaftliche Verbindung zum Hause Knie. «Und irgendwo findet sich immer auch noch ein Täubchen», sagt Fredy Knie jun. Doch im Hause Erni gibt es noch etwas ganz Besonderes: argentinische Hühner, die blaue Eier legen. Letztere bringt Tochter Simone, wenn der Circus Knie in Luzern gastiert. Schmecken würden sie nicht anders als die unseren, sagt Fredy Knie jun., aber es amüsiere ihn trotzdem jedes Mal wieder. Es sind die kleinen Aufmerksamkeiten, die echte Freundschaft ausmachen.

Hans Erni kreierte zahlreiche Plakate für den Circus Knie.

Links «Schimmel und Rappe»,
Hans Ernis erstes Plakat für den Circus Knie aus dem Jahre 1966.

Rechts die Weltsensation «Tiger und Nashorn» (1972). →

KNIE

Mary-José Knie mit «Pegasus» in der Vorstellung.

Unendliche Schaffenskraft.
Das Plakat «Pegasus» schuf Hans Erni mit hundert Jahren für den Circus Knie.

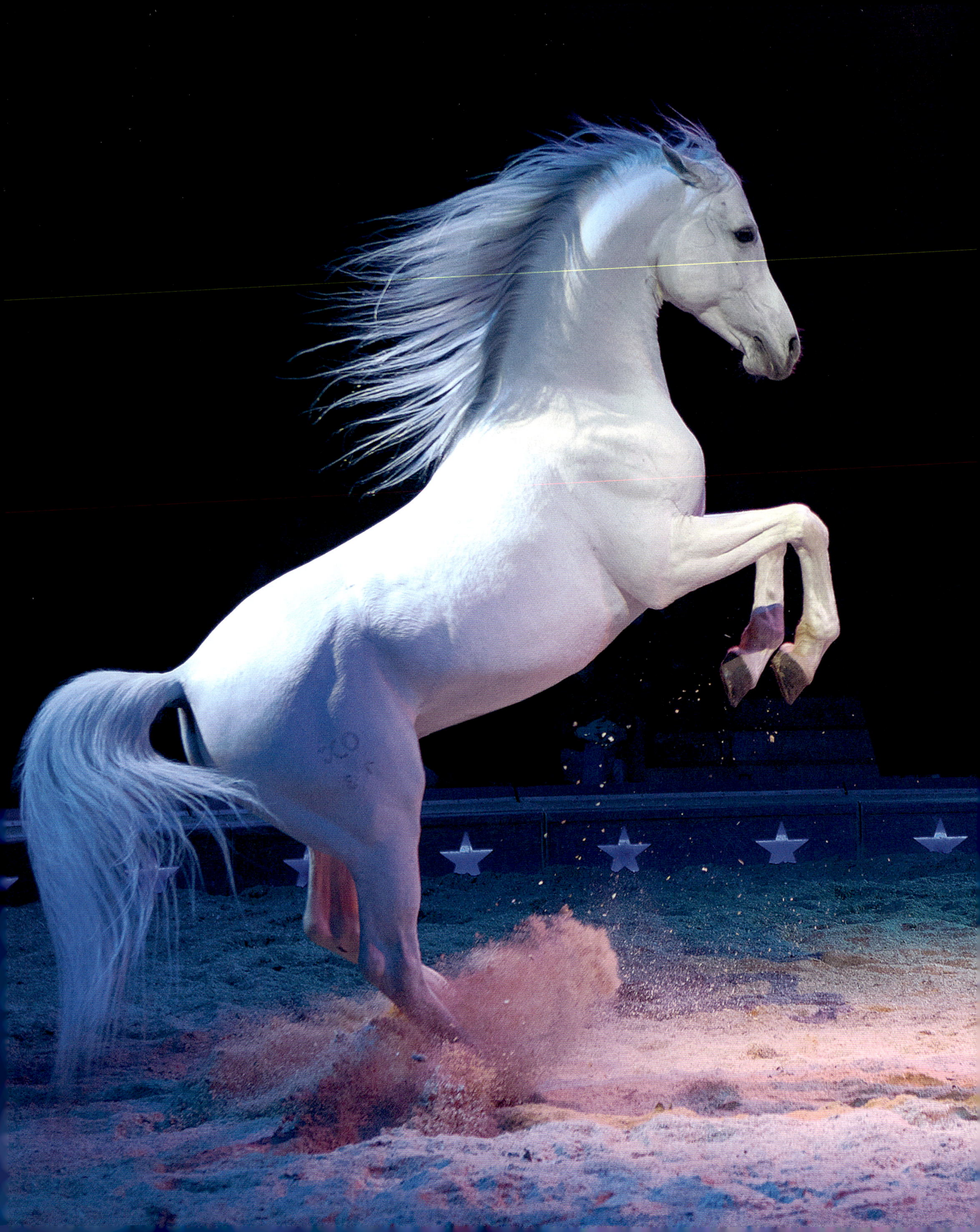

Zu Gast im Circus Knie

Tradition und Innovation vereint

Das Familienunternehmen Gebrüder Knie, Schweizer National-Circus AG, besteht seit acht Generationen ununterbrochen. «Wir sind ein traditionell ausgerichtetes Zirkusunternehmen», sagt Fredy Knie jun. Doch gründet der langjährige Erfolg in der Innovation des gesamten Konzepts. Wer jedes Jahr an denselben Orten auftritt und dort erfolgreich sein will, muss sich etwas einfallen lassen. So wird regelmässig in Sound, visuelle Erscheinung und in die neuesten Trends viel investiert.

Zu diesen Erneuerungen gehören auch die Gastauftritte der Künstler. Sie bereichern das Grundkonzept der Darbietung mit Tieren, Dressurvorführungen und der bewährten Akrobatik. Clowns sind eines der ursprünglichen Elemente, die mit dem Zirkus identifiziert werden. Der Circus Knie ergänzt diese beliebten Nummern, indem er öfters einen Gastartisten aus der Sparte Comedy einlädt.

Es gelten strenge Kriterien für die Auswahl geladener Künstler. Fredy Knie jun. fasst es kurz zusammen: «Ein Feeling für Zirkus muss vorhanden sein, wir akzeptieren keine halben Sachen. Das gebotene Programm muss unseren Standards entsprechen.» Das oberste Ziel sei die Zufriedenheit des Publikums. «Die Zuschauer erwarten etwas von uns, wir dürfen sie nicht enttäuschen», lautet seine Devise.

Auch die Gastartisten ziehen mit der ganzen Truppe durchs Land. Sie wohnen dabei in Wohnwagen. Noch nie habe jemand ein Hotel vorgezogen. Man fühle sich eben wie eine grosse Familie.

Fred Roby
1960, 1976, 1991

Bauchreden ist eine Kunst, über die man im Jahre 1960 kaum etwas wusste. Vater Fredy Knie sen. schon. Er engagierte damals zum ersten Mal überhaupt einen Bauchredner im Zirkus. Fred Roby, so hiess der Künstler, war schon in Las Vegas und an anderen magischen Orten des Showbusiness aufgetreten. Kein unbeschriebenes Blatt also. Von ihm sagt Fredy Knie jun., er sei heute noch der beste Bauchredner überhaupt.

Publikumsnah, wie er sich gab, stellte er während seines Auftritts plötzlich das Mikrofon ab und ging zu den Besuchern in der ersten Reihe. So konnten sie ganz aus der Nähe miterleben, dass er keine Mogelpackung war und wie sich Bauchreden tatsächlich anhörte.

Seine grosse Stärke war jeweils der Schlusspunkt der Vorstellung: Singen, Rauchen und Trinken zugleich. Er sang – seine kleine Indianerpuppe war dabei –, rauchte eine Zigarette und trank «Cognac» (bühnentechnisch «Tee»): drei Techniken auf einmal! Das war eine besondere Leistung, die das Publikum sehr faszinierte.

Gemäss Fredy Knie jun. der beste Bauchredner:
Fred Roby mit seiner Indianerpuppe.

Dimitri mit seinen Kindern und komischem Auto:
Was sie wohl im Schilde führen?

Dimitri
1970, 1973, 1979

Der berühmte Clown Dimitri gastierte dreimal im Circus Knie, 1970, 1973 und 1979. Als Fredy Knie sen. ihn zum ersten Mal engagierte, sagte die Zirkuswelt: «Jetzt spinnt er!» Er hat nicht gesponnen, im Gegenteil. Die Zirkussaisons mit Dimitri wurden die bestbesuchten aller Zeiten. Die Knies wussten, was ankam.

Dennoch gab es vonseiten Dimitri zunächst Bedenken. Er freute sich sehr über die Anfrage, verband seine Zusage aber mit der Bedingung, dass er im Vorfeld einmal eine Vorstellung mitmachen dürfe. Das bewilligte man ihm, ohne zu zögern. Der «Test» fand in Thun statt. Dimitri zeigte die bekannte Nummer mit den Instrumenten, wo er eins ums andere aus seiner Requisitenkiste hervorholt und zu spielen beginnt. Das Publikum reagierte nicht mit Begeisterung. Tatsächlich nicht. Doch Dimitri wusste, was er zu tun hatte.

Die kleine Bühne war nicht gleichzusetzen mit dem Zirkuszelt. Das war dem Proficlown wohl bewusst gewesen. Er stellte sein Zirkusprogramm demnach entsprechend um. Der Erfolg liess nicht auf sich warten.

Die Nummern mit Dimitri sind Legende geworden. 1970 zum Beispiel – während der ersten Saison – stellt er eine Leiter an die Elefantenkuh Sandry, klettert hinauf und beginnt sie zu putzen, was Sandry sich durchaus gefallen lässt.

Dann die Kuh mit dem Alphorn. Keine gewöhnliche Kuh natürlich, sie musste erstens schwarz-weiss sein, vermutlich zu seiner Schminke passen. Zweitens musste sie jeden Morgen frische Milch geben. Die tranken er und seine Familie zum Frühstück. Dimitri machte aus Kuh und Alphorn eine eigene Interpretation der Schweizer Klischees, die bestens ankam.

Schliesslich trat Dimitri mit vier seiner fünf Kinder auf. Wie Orgelpfeifen kamen sie anmarschiert, alle mit demselben breiten Lachen. Und alle kleine Dimitri-Künstler. Zwei von ihnen, Masha und David, wurden später in eine Artistenschule nach Budapest zur Perfektionierung ihrer Ausbildung gesandt. Sie standen dem Circus Knie immer wieder mit eigenen Darbietungen oder Choreografien zur Seite.

So war die Familie Dimitri mehr als nur eine Zirkusgastfamilie. Die Dimitris gehörten gewissermassen zur Familie Knie. Gunda, Dimitris Frau, war darüber hinaus als wunderbare Köchin bekannt. Ihre Mousse au chocolat sei legendär, meint Fredy Knie jun., sodass einem beim Erzählen allein das Wasser im Munde zusammenläuft. Und es gab da noch ein kleines Geheimnis der guten Küche:

Im ersten Dimitri-Jahr, 1970, wurde wöchentlich ein Riesenpaket für die Dimitris an die Zirkusadresse geliefert. Anfänglich war das einfach so, und man machte sich keine besonderen Gedanken darüber. Doch als die Paketserie nicht abbrach, stellten Knies einmal «aus lauter Gwunder» die Frage, was denn das eigentlich sei. «Biologisches Gemüse aus dem Tessin», war die Antwort Gundas. Und das zu einer Zeit, als noch kaum einer von Biogemüse sprach. Fitness beginnt im Magen, könnte man dazu sagen.

Dimitri und seine Frau Gunda.

Kuh, Alphorn und Handorgel:
Schweizer Klischees à la Dimitri.

Masha, Dimitris Tochter, auf dem Schlappseil
in der Aufführung des Cirque du Soleil beim Circus Knie.

Auch grosse Tiere beflügeln Dimitris Fantasie.
Putzaktion bei Elefant Sandry.

Kris Kremo
1973, 1984, 1991, 2000, 2009

Zylinder, weisse Bälle und Zigarre: Wer würde unter dieser Kombination eine Jonglage vermuten? Tatsächlich kann dies nur einer der Weltbesten seines Fachs: Kris Kremo. Jonglieren ist eine Kunst für sich, das Mischen verschiedener Gegenstände erfordert zusätzliches Können. Die Begabung wurde ihm garantiert in die Wiege gelegt, denn er begann seinen ersten Auftritt beim Circus Knie im Jahre 1973 mit Vater Béla.

Kein Artist war so oft beim Circus Knie zu Gast wie Kris Kremo. Fünfmal begeisterte er das Zirkuspublikum mit seinen einzigartigen Jonglagen. Nach 1973 folgten Soloauftritte in regelmässigen Abständen von knapp zehn Jahren, darunter im Jahr der Schweiz 1991 und im Millenniumsjahr 2000.

«Der Zirkus Knie ist einer der besten Zirkusse der Welt», würdigte er seinen Gastgeber anlässlich seines letztmaligen Auftritts im Jahre 2009.

Einer der besten Jongleure der Welt:
Kris Kremo mit seiner legendären dreifachen Pirouette.

Mummenschanz
1974, 1988

Das Künstlerduo Mummenschanz gastierte 1988 beim Circus Knie. Mit ihm gab es 1974 – zwei Jahre nach seiner Gründung – eine Art Vorrunde. Damals waren die Pantomimen im Ausland schon sehr bekannt. In der Schweiz hatten sie noch nicht Fuss gefasst. Fredy Knie jun. war von ihrer Verhüllungsshow sehr angetan und engagierte sie für den Zirkus. Doch bei ihrer ersten Aufführung herrschte im Zelt Totenstille! Kein Applaus! Es kam schlichtweg nicht an und war für den künstlerischen Direktor unbegreiflich. War das Publikum nicht «reif» genug? Was war falsch gelaufen? Dieses Echo machte Fredy Knie sehr traurig. Doch er gab nicht auf.

Vierzehn Jahre später gab er ihnen eine zweite Chance. Da waren die «Virtuosen der Stille», wie sie mittlerweile genannt werden, auch in der Schweiz «angekommen» und hatten sich hier einen Namen gemacht. Man kannte Mummenschanz. Das Experiment war einmal mehr gewagt: Es sollte dieselben Maskennummern zeigen wie im Jahre 1974. Das Experiment gelang und wurde ein Riesenerfolg. «Sehr fein, sehr poetisch», sagt Fredy Knie jun. noch heute dazu. Eine Aufführung ganz ohne Worte, nur Verwandlungskunst und Choreografie, sogar das geht im Zirkus, wenn die Zeit dafür reif ist.

Erst beim zweiten Anlauf geglückt, aber dann rasanter Aufstieg. Die «Virtuosen der Stille» Mummenschanz.

Emil
1977

Emil kannte man. Schon damals, 1977. Emil im Circus Knie ist wie Schokolade mit Extrasahne. Und so war es auch.

Klein Géraldine hatte ihren ersten Auftritt im Zirkus. Mit Vater Fredy Knie jun. gab sie die Nummer «Gross und Klein». Schon ganz aufgeregt wartete sie hinter dem Vorhang, dass er endlich für sie aufginge. Doch dann ein Zwischenfall: Eine Trapezkünstlerin stürzte, verletzte sich zwar nur leicht, aber sie musste hinausgetragen werden, konnte nicht mehr alleine gehen. Géraldine, keine vier Jahre alt, war schockiert – und an der Reihe. Da zeigte sich, was Familie ist und Profis dazu: Sie betrat mit Vater Fredy Knie jun. die Manege und war ganz in ihrer Rolle. Emil, der das aus nächster Nähe miterlebt hatte, war gerührt und lobte sie anschliessend: «Du warst eine ganz Tapfere.» Daran erinnert sich Géraldine heute noch, wenn sie an die Vorstellung von Emil denkt.

Aber Emil hatte vorgesorgt. Zum Zirkus gehört ein Glacéverkäufer, das war Emils Nummer. Er zog einen Glacéwagen hinter sich her, darin gab es immer nur zwei Stück Eis. Eines, das er dem Publikum verkaufen wollte, das zweite erhielt immer Géraldine, und das eine ganze Saison lang.

Überhaupt war bei Emil alles ein bisschen anders. In seiner Raubtiernummer war er plötzlich im Käfig, der Tiger aber draussen. Man kann sich fragen, wem es wohler war.

Mit Emils Berühmtheit erlaubte man sich gelegentlich einen Spass. Er zog wie alle anderen Artisten mit dem Wohnwagen durchs Land. Als die Tournee in Langnau war, hängte Rolf Knie jun. ein grosses Plakat an Emils Wohnwagen: «Emil gibt hier morgen früh um acht Uhr Autogramme!» Es war auf dem Schulplatz und Samstagmorgen. Ausschlafen konnte Emil erst am Sonntag ...

Auch sonst stand man gerne an für Emil. Es gab zu der Zeit nur den Vorverkauf fünf Tage im Voraus einer Vorstellung. Am Bellevue in Zürich bildete sich täglich eine Schlange von Viererreihen vom Verkaufswagen bis zum Opernhaus. Das war für die Kassiererinnen die anstrengendste Saison eh und je. Doch sie machten ihren Job wie immer gerne und es freute auch sie, wenn die Kasse klingelte.

Es wurde ein eigenes Plakat entworfen mit der Ankündigung «KNIEMIL». In der Deutschschweiz war alles klar. In der Romandie staunte man: «C'est quoi ça? Ein neuer Elefant?», war zunächst die Frage. Doch wie ein Lauffeuer verkündete sich, wer Emil war. Und er gewann in Windeseile mit seinem Français fédéral die Herzen der Welschen und später im Tessin der Italienisch sprechenden Zuschauer.

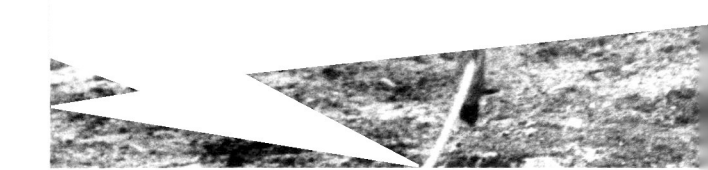

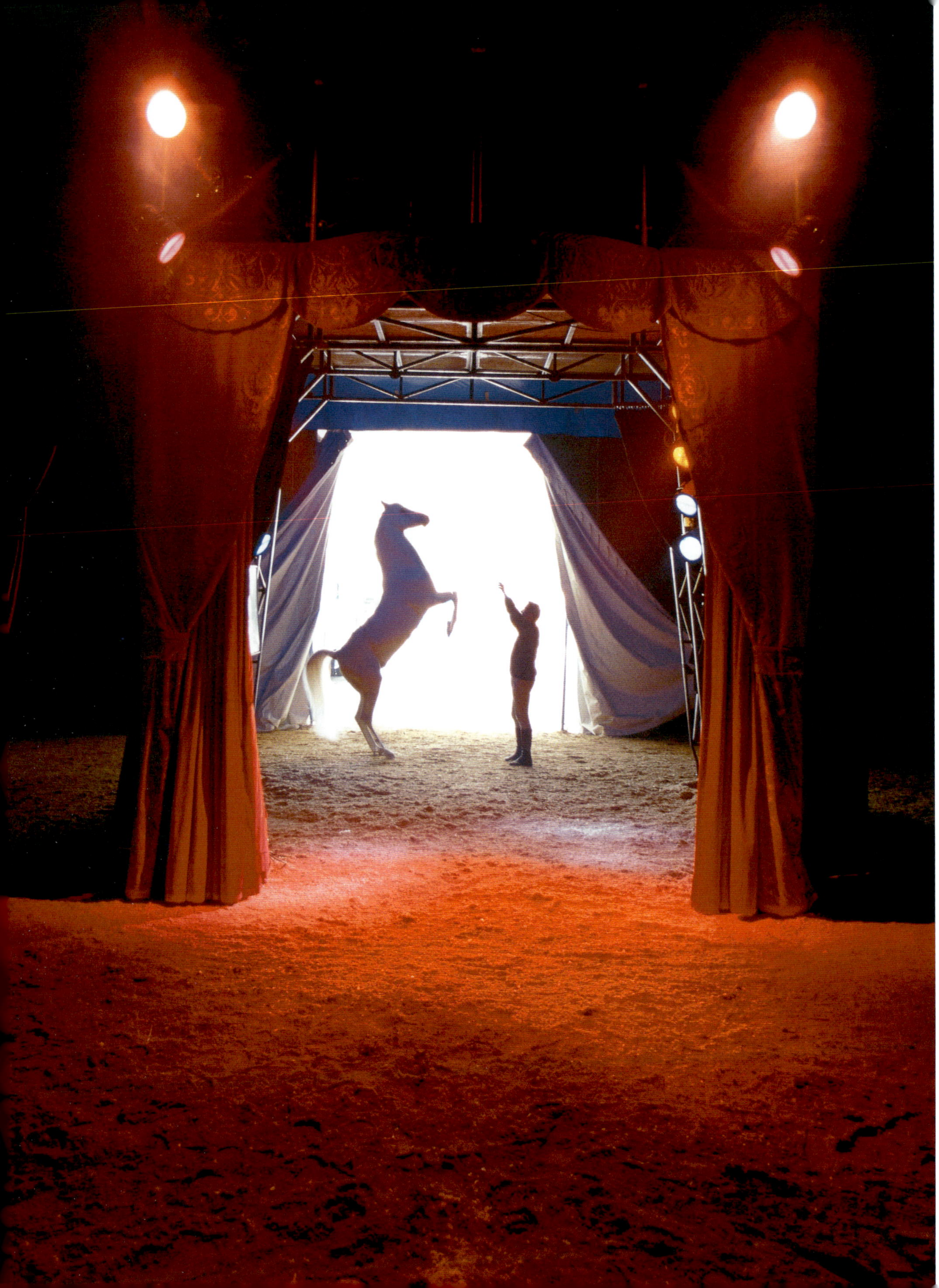

René Strickler
1978, 1991, 1994

Eigentlich hätte er auch Filmoperateur werden können. René Strickler stammte aus der berühmten Kinodynastie Leuzinger, die vor mehr als hundert Jahren das erste Kino in Rapperswil eröffnete. Sein Grossvater zog noch mit einem Kinozelt durchs Land und seine Mutter begleitete die Stummfilme auf dem Klavier. Doch dann lernte René seinen Schulfreund Rolf Knie jun. kennen, der aus der «anderen» Familiendynastie Rapperswils stammte, und die beiden wurden dicke Freunde. Der Weg schien bereits vorgegeben. Schon die Grosseltern beider Familien Knie und Leuzinger waren miteinander befreundet gewesen und hatten gemeinsam das erste Kino auf die Beine gestellt. René befand sich also in bester Tradition.

Sein Schulweg führte René täglich an den Stallungen des Circus Knie vorbei. Dort atmete er den Duft der «grossen weiten Welt» ein, wie er heute sagt. Und von da an gab es nur noch zwei Jahreszeiten für ihn: die vor und nach der Premiere des Circus Knie. Mit seinem Grossvater sass er in jeder Premiere in der ersten Reihe. Doch dann waren die Tiere weg, auf Tournee bis Ende Jahr. Das wäre eigentlich nicht zu verschmerzen gewesen, wären da nicht die Tiere im Kinderzoo und die Veteranen im Stall des Circus Knie gewesen. René Strickler packte die Chance und wurde Assistent im Medienbüro des Circus Knie. Aber, sommers und winters, wenn Fredy Knie jun. mit Tiger und Nashorn trainierte, gab es für ihn kein Halten mehr. Man musste ihn öfter im Stall suchen, wo er eifrig mithalf. Fredy Knie jun. freute sich über das grosse Interesse Renés an seiner eigenen Arbeit. Und so wurde aus dem Tierfan mit der Zeit ein Tierkenner, der sein Hobby alsbald zum Beruf machte.

Bald darauf konnte René Strickler eigene Löwen erstehen, mit denen er seine Tiernummern erarbeitete. Im Circus Knie hatte er dreimal einen Gastauftritt: 1978, im Jahr der Schweiz 1991 und 1994.

Im Circus Knie gross geworden:
René Strickler, einer der grossen Raubtierlehrer unserer Zeit.

Pic
1983, 1991

Clown Pic gehörte eigentlich zum Circus Roncalli. Doch unter Profis gilt ein Gastspiel als hohe Anerkennung. Dies war natürlich gegenseitig. Fredy Knie jun. liebäugelte schon lange mit Pic als Gastartisten im Circus Knie. Auf seine Anfrage reagierte der Roncalli-Direktor Bernhard Paul prompt mit einem «Ja, aber dann kommst du zu uns». Erstaunen zunächst, doch im Zirkus ist (fast) alles möglich. Vater Fredy Knie sen. fand das gar nicht abwegig und er schickte seinen Sohn in ein Auslandsjahr mit Roncalli. Das war für Fredy Knie jun. eine Gelegenheit, fremde Luft zu schnuppern. Zusammen mit seiner Frau Mary-José zeigte er vier Nummern: Fredy Knie jun. allein die Weltsensation «Tiger und Nashorn» und eine Freiheitsdressur, zu zweit die doppelte Hohe Schule, Mary-José allein die berittene Taubennummer. Fredy Knie jun. ist heute noch davon überzeugt, dass es ein gutes Erlebnis war.

Doch zurück zu Pic. Er war ein Träumer. Ein begabter Träumer allerdings. Wenn er mit seinen Seifenblasen die Welt verzauberte, war das wirklich seine Welt. Mit dem tonnenschweren Flusspferd Juba machte er eine Schmetterlingsnummer, fantasievoller geht es fast nicht mehr. Und das Publikum war hingerissen. Einmal aber schien seine Welt untergegangen.

Es war in Amsterdam. Nach vielen Jahren hatte das Theater Carré seine Zirkusshow wieder eröffnet. Clown Pic gab dort seine berühmte Kugelnummer. An der Probe kam er wie geplant in der Kugel eingeschlossen in die Manege gefahren. Sie öffnete sich und – das Orchester spielte eine laute, fetzige Musik. Pic war wie angenagelt und zu keiner Handlung mehr fähig. Fredy Knie jun. musste ihn sofort beruhigen. Das sei nur ein kleines Missverständnis, meinte er, das Orchester habe sich in den Noten vertan. Sie würden noch einmal beginnen. Pic brauchte einige Zeit, um zu verstehen, was geschehen war, und verschwand wieder in seiner Kugelwelt. Beim zweiten Anlauf sollte es dann klappen. Die Musik erklang romantisch und sanft, und die Welt schien wieder in Ordnung.

Träumer können auch geniessen. So jedenfalls Pic. Es ging um eine Wette: das beste Birchermüesli. Pic wusste, wo. Fredy Knie jun. packte ihn in sein Auto und auf gings ins Appenzellerland. Bei schönstem Sonnenschein bestellten sie in einer Landbeiz ihr Müesli und «es war wirklich sehr fein», kommentiert Fredy Knie jun. heute noch. Doch als er seines gegessen hatte, fehlten in Pics Schälchen gerade mal drei Löffel. Es sei sooo gut. Was nun? Warten und zusehen, bis auch Pic damit fertig wird? So dann schon nicht. Also musste eine zweite Portion her. Und Fredy Knie jun. der Schnellesser gab sich alle Mühe der Welt, damit sie beide gleichzeitig fertig waren. Das war wirklich eine Herausforderung. Doch sie gelang.

Clown Pic lässt die Welt in neuem Licht erscheinen.
Seifenblasen verzaubern Gross und Klein.

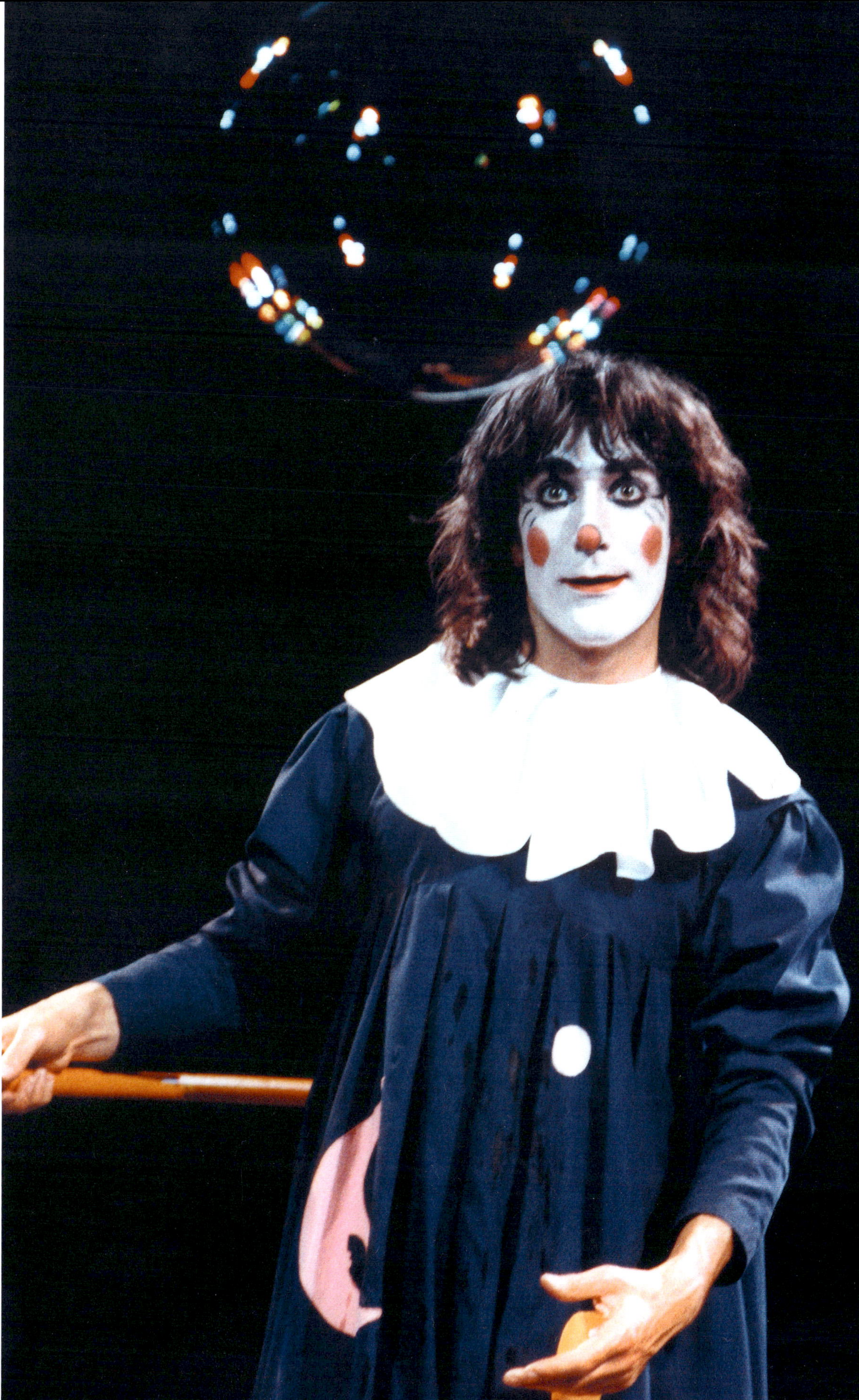

Gegen die Schwerkraft: Schmetterlingsflügel an Flusspferd Juba.

«Pierrot Lunaire»: Erst mit der richtigen Musik ist Pics Welt wieder in Ordnung.

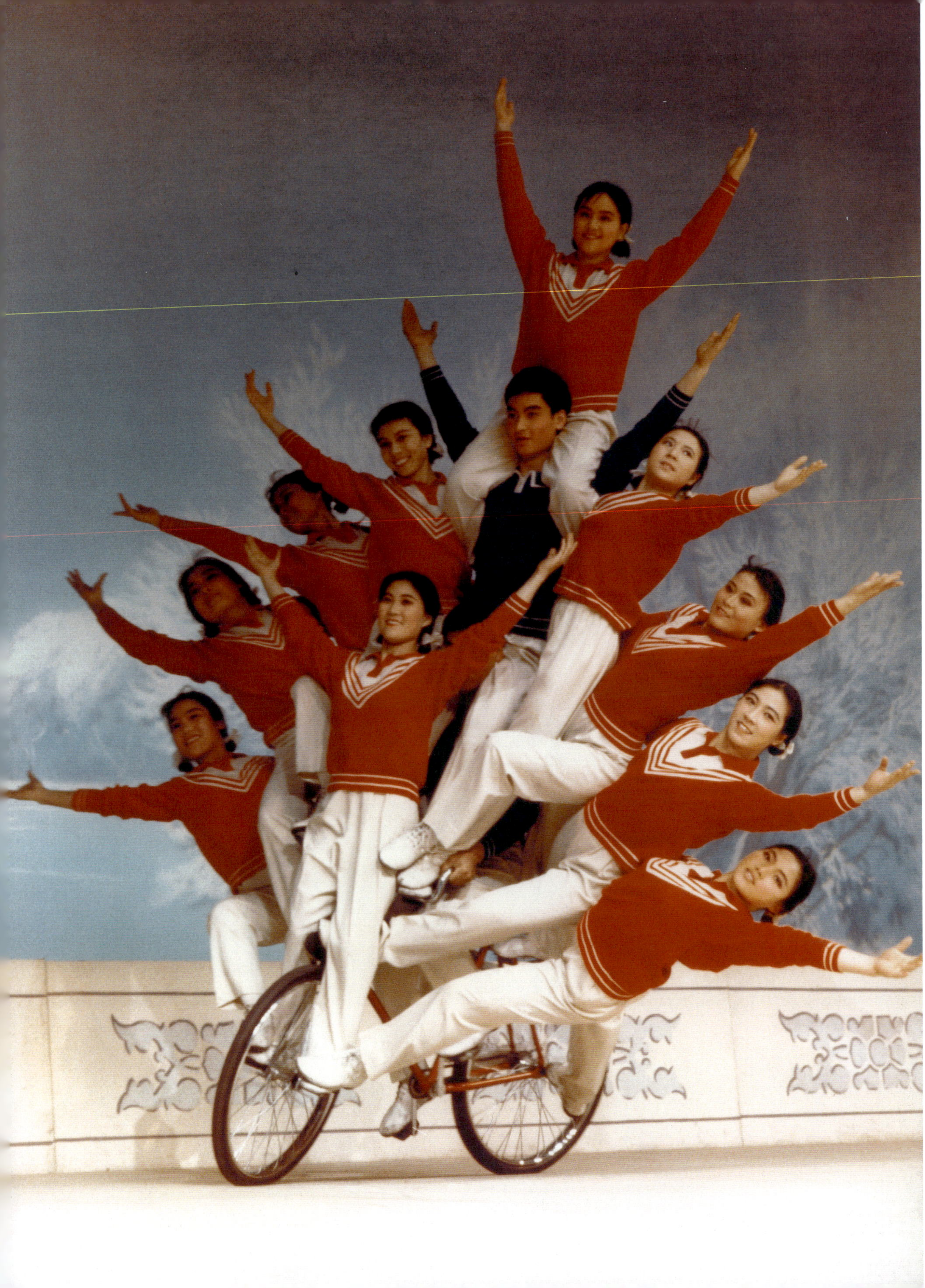

Anhui Acrobatic Troupe, Nanjing Acrobatic Troupe
1984

Zwölf Chinesen auf einem fahrenden Fahrrad? Kein Problem, sagten sich die Wunderakrobaten aus dem Fernen Osten. Es war zum ersten Mal überhaupt, dass 1984 eine Künstlertruppe aus China einen europäischen Zirkus besuchte. Damals war China noch zutiefst kommunistisch und pflegte kaum Kontakt zum Westen. Die Zusammenarbeit mit dieser Truppe war jedoch so gut, dass noch Jahre später der Circus Knie von der Akrobatikgruppe um Rat gefragt wurde, wenn für sie ein Engagement im Westen anstand. Für den Circus Knie war es natürlich Ehrensache, nur zuverlässige und glaubwürdige Partner für ihre Auftritte in Europa weiterzuempfehlen.

Troupe Mongolia
1990

Sechs Jahre später wieder eine Premiere im Circus Knie. Erstmals konnte eine Formation aus der Mongolei in einem westlichen Land eine Tournee bestreiten. Dass man dieses Mal sogar im Circus Knie einiges über Kamele lernen konnte, mag nicht erstaunen. Im Land des Dschingis Khan leben seit Jahrtausenden Nomadenvölker.

Erstmals im Westen: Chinesische Akrobatiktruppe in den Achtzigerjahren im Circus Knie.
←

Auch die Troupe Mongolia trat als erste Formation aus der Mongolei in einem westlichen Zirkus auf.

Duo Fischbach
1998, 2004

Ihr Einzug in die Manege war fulminant: Auf einem uralten Motorrad mit Seitenwagen brausen sie mit Getöse durch den Eingang, hinterlassen eine stinkende Wolke von Abgas, und plötzlich stellt der Motor ab. Der Moment bleibt unvergesslich. Dramatisch hatte es schon angefangen.

Es war 1998. Fredy Knie hatte das Duo Fischbach – mit bürgerlichem Namen Peter Freiburghaus und Antonia Limacher – lange schon engagieren wollen. Vater Fredy Knie sen. war skeptisch. Er habe noch nie etwas von ihnen gehört. Doch liess er seinen Sohn gewähren: «Du wirst es schon richtig machen.» Ein Experiment waren die beiden Künstler allerdings. Auf den Bühnen im Luzerner Hinterland war ihnen der Erfolg längst gewiss, doch in der Manege des Circus Knie? Vater Fredy Knie sollte bald eines Besseren belehrt werden. «Frau Fischbach» probte immer in ihrer Fischbach-Verkleidung, hatte die schräge Brille auf und die biederen Kleider an. Und so ging sie auch über den Vorplatz des Zirkuszelts, wenn ihre Probe grad eine Pause hatte. In dieser Aufmachung lief sie Fredy Knie sen. eines Tages zufällig über den Weg. Er mochte wohl staunen: «So blöd wie die aussieht, ja, da kann nichts mehr schief gehen», war er sogleich überzeugt.

Er sollte recht bekommen. Doch da gab es noch einen kleineren Zwischenfall. Der stinkende Töff hatte seine Tücken und Launen. Das bedingte einen extra Chauffeur, der dem Paar zur Seite stand. Für alle Fälle. Es musste ja sicher klappen mit dem Einzug in die Manege. Am Tag vor der Premiere in Rapperswil stand Herr Fischbach früh auf und wollte das Gefährt – einfach mal so – zum Laufen bringen. Er trat aufs Pedal, ein zweites, ein drittes Mal. Es tat sich nichts. Und als er es nochmals versuchte, mit etwas mehr Krafteinsatz vermutlich, rutschte er aus und – ratsch – war die Achillessehne gerissen. Was jetzt?

Der Arzt bot ihm zwei Möglichkeiten an, von denen er die sanftere wählte: eingipsen und Krücken für etwa drei Monate. Das bedeutete, das Programm, das sie während Monaten eingeübt hatten, innert anderthalb Tagen umzuschreiben. Und es auf Anhieb zu beherrschen. Hier zeigten sich die wahren Profis. Die Krücken waren von jetzt an mit im Programm und nach den besagten drei Monaten – da fehlten sie beinahe. Es ginge fast nicht mehr ohne, meinte Herr Fischbach trocken.

Handgefertigte Collage des Duo Fischbach zu Fredy Knies sechzigstem Geburtstag.

Heimatliche Klänge und ein Töff mit Tücken.
«Da kann nichts mehr schief gehen», so das Urteil von Fredy Knie sen.

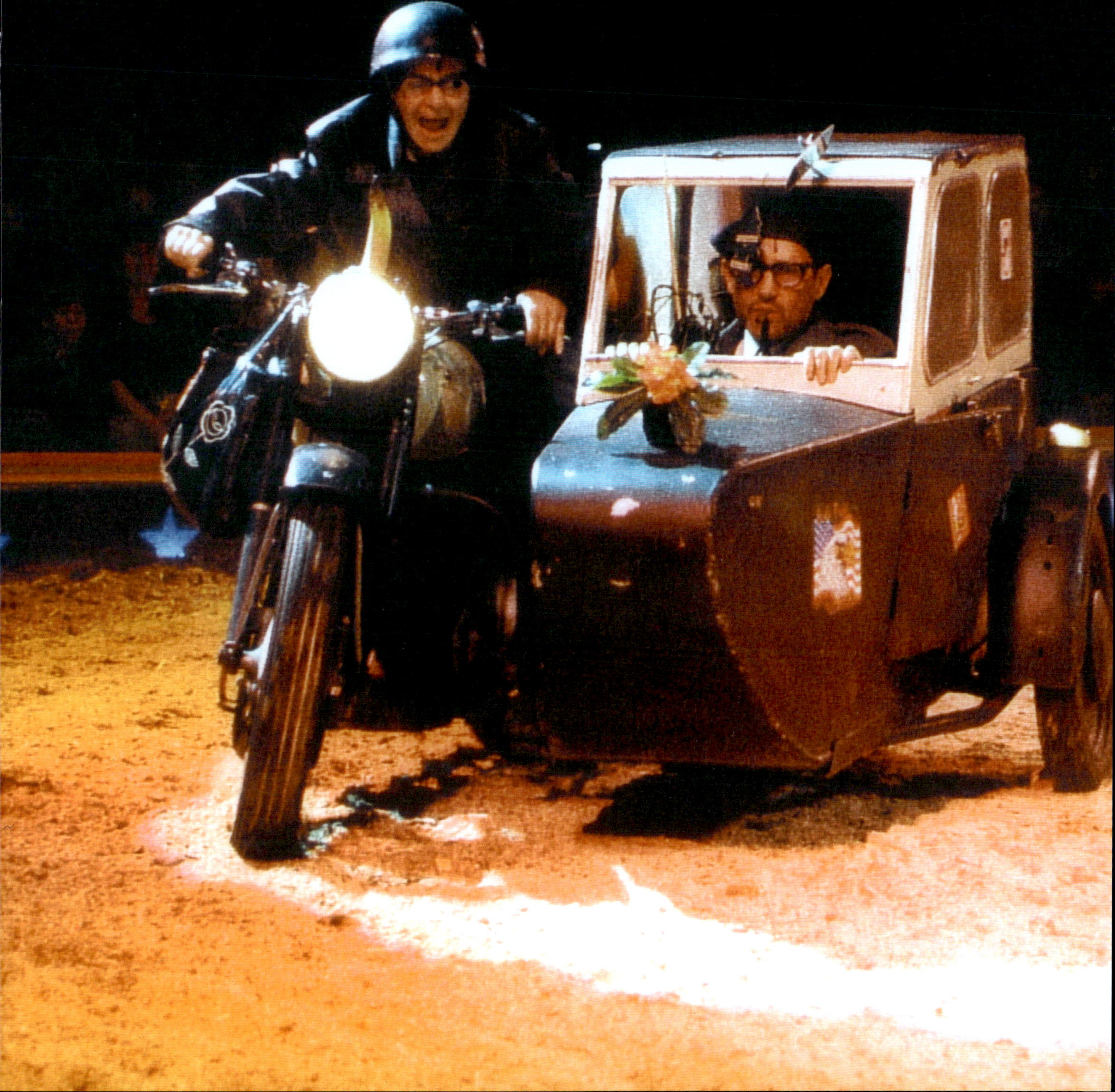

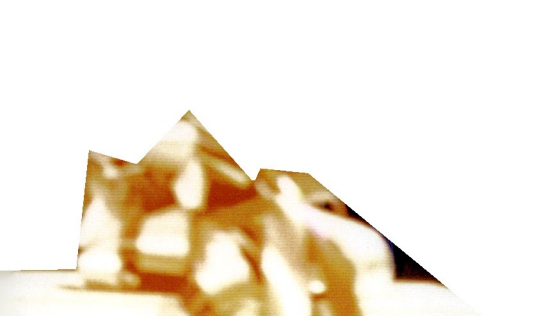

Frau Fischbach blieb immer Frau Fischbach. Nie legte sie ihre Rolle ab, wenn sie in Aktion war. Mit einer einzigen Ausnahme. An ihrem Geburtstag, dem 5. August, fand die Vorstellung in Luzern – ihrem Heimatkanton – statt. Nach der obligaten Happy-Birthday-Musik verkündete Franco Knie sen. eine besondere Überraschung übers Mikrofon: «Heute will dir noch jemand gratulieren, den du sehr gerne hast und der dich auch sehr gerne hat.» Grosses Rätselraten. Es wollte ihr niemand einfallen. Da ging der Vorhang auf und herein schritt die Elefantenkuh Patma mit einem riesigen Sonnenblumenstrauss im Rüssel. Antonia Limacher – so der bürgerliche Name Frau Fischbachs – war so perplex, dass sie nicht nur vergass, Frau Fischbach zu sein, sondern ihre Freudentränen nicht zurückhalten konnte. Auch Künstler sind manchmal einfach nur Menschen.

Die Elefantenkuh Patma und Frau Fischbach, das war eine eigentliche Liebesgeschichte. Die Nummer mit den träfen Sprüchen brachte das Publikum sehr zum Lachen. Überhaupt waren die Fischbachs beide sehr tierliebend. Zu Hause hatten sie einen ganzen Stall von Tieren aller Arten, darunter auch einen ganz besonderen Esel aus dem Hause Knie. Während ihrer Tournee mit dem Circus Knie gebar eine Eselin ein Junges, Frau Fischbach hatte die Geburt miterlebt. Sie erhob unmittelbar Ansprüche auf das Neugeborene und meinte scherzhaft: «Der Esel gehört mir!» Der Esel hiess Oskar. Doch Oskar vergriff sich eines Tages an den giftigen Beeren einer Eibe, woran er auch starb. Es musste ein neuer Esel her. Dieselbe Eselin warf tatsächlich bald darauf ein weiteres Junges, diesmal eine kleine Eselin, sie wurde Marie getauft. Sie war Fredy Knie jun. besonders ans Herz gewachsen und er wollte sie um nichts in der Welt verschenken. Aber Frau Fischbach war stärker. «Sie tat mir so leid ohne ihren Esel», meint er heute. Und so kam auch diese Eselin ins Luzernerland, wo sie seither bestens umsorgt wird.

Das Duo Fischbach war nicht nur von den Tieren, sondern überhaupt von der ganzen Zirkusatmosphäre fasziniert. Das sei anders als im Theater, wo die beiden Künstler ihre berufliche Karriere gemacht hatten: «Hier gibt es keine Intrigen, wir waren von Anfang an akzeptiert, obwohl wir von aussen kamen.»

Von Anfang an im Circus Knie bestens integriert. Und nie aus ihrer Rolle gefallen, bis auf einmal, da gab es sogar Tränen der Rührung.

Karl's kühne Gassenschau
1999

Es gibt wenig, das einen Zirkusdirektor in Panik versetzen kann. Doch für einmal wurde ein Helikopter im Zelt des Circus Knie eingesetzt. Dieses kühne Requisit konnte nur zu Karl's kühner Gassenschau gehören. Fredy Knie jun. wurde es jedes Mal angst und bange, wenn das Gefährt beim Finale der Vorstellungen über die Köpfe der Zuschauer hinwegbrauste. Als dann in der Basler Vorführung tatsächlich einmal der Motor ein eigenartiges Geräusch von sich gab, mussten die kühnen Helden ihren Heli definitiv aus dem Verkehr ziehen. – Es bleibt dabei, die Sicherheit geht über die Waghalsigkeit, auch wenns noch so schön ist.

Flügzüg
2000

«Ich habe sie nicht gekannt», sagt Fredy Knie jun. Es war Géraldine Knie, die von einem Festival in Lausanne während der Pause ganz aufgeregt anrief: «Papa, das musst du unbedingt sehen, die sind so lustig!» – «Wer? Was?» – «Flügzüg!» Tochter Géraldine war so hingerissen, dass der Vater ihr Anweisungen geben musste, wie sie vorzugehen hatte, obwohl sie das natürlich genau wusste. «Also, nach der Pause gehst du in die Garderobe, stellst dich vor und sagst, dass wir vom Circus Knie gerne mit ihnen in Kontakt kommen würden.» Gesagt getan. Tags darauf rief Fredy Knie jun. per Handy – seinem einzigen und bewährten Kommunikationsgerät – bei Claude Criblez an und sagte, er möchte Flügzüg für das Millenniumsjahr im Zirkus engagieren.

«Das isch aber e guete Witz, haha», klang es auf der anderen Seite der Leitung. Fredy Knie jun. hatte einige Mühe, bis man ihm glaubte. Verständlich. Ein Zirkusdirektor meldet sich ja in der Vorstellung der Leute nicht per Handy, sondern vorab per E-Mail über seine Assistentin. Erst recht, wenn es sich um die Milleniumsvorstellung handelt. Nach einer Weile merkte man auch in Bern, dass es wirklich Fredy Knie jun. war und dass er es ernst meinte. «Gopfridstutz, itz heimer 10 Jahr lang ggüebt, u jetz das!», war der Kommentar der beiden Langsamkünstler.

Die sprichwörtliche Langsamkeit der Berner Komiker kam weit über die Kantonsgrenze hinaus gut an. Zwar konnte man fast nicht mit ansehen, wie der eine dem anderen Stiefel als Jonglierbälle zuwarf. Und die Worte wollten fast nicht über ihre Lippen kommen. Lustig war es allemal. Da hatte Géraldine eine gute Nase gehabt. Mitten in der Saison meinten sie einmal: «So viu a eim Stück, u jetz simer scho müed!» Im Übrigen waren Flügzüg im Privaten nicht anders als auf der Bühne. Sie sind einfach so und können gar nicht anders.

Mutige Höhenflüge, doch auch ein bisschen gewagt.
Kühn allemal.

Wenn Bälle langsam fliegen,
dann kann es nur von Flügzüg sein.
→

Ihrem Namen machten sie bis und mit dem Abbautag alle Ehre. Längst waren die Techniker am Werk und verluden die Plachen, Gestänge und das ganze Material. Claude und Thomas sassen immer noch auf ihren Sitzbänken und machten sich in aller Ruhe an den grossen Bällen zu schaffen, um ihnen die Luft rauszulassen. «Das geit aber henneschnäu hie», meinten sie lakonisch. Man konnte sie beim besten Willen nicht drängen. Das Zelt wurde buchstäblich über ihren Köpfen abgeräumt.

Sie sind schliesslich doch noch fertig geworden. Leider sind sie heute auf der Bühne nicht mehr gemeinsam zu sehen.

Marie-Thérèse Porchet
2001 und 2004 Romandie, 2010 ganze Schweiz

Mann oder Frau? Oder beides? Ein Mann namens Joseph Gorgoni. Eine Bühnenfigur namens Marie-Thérèse Porchet. Beides in einem: bühnensprachlich ein «Transformist».

«Marie-Thérèse Porchet» wurde in den Neunzigerjahren von Fredy Knie jun. entdeckt. Die erste Aufführung beim Circus Knie 2001 beschränkte sich auf die Romandie, der dortige Erfolg verlangte mehr: 2004 war auch das Tessin dran und 2010 die ganze Schweiz. Joseph Gorgoni ist ein Multitalent. Er sang und tanzte im Musical «Cats». Seine besondere Begabung ist die Kopfstimme. Damit kreierte er sich die Bühnenfigur des Comédien und definierte seine Rolle der französischen Concierge. So eine Spezialität lässt sich nicht einfach kopieren und schon gar nicht ersetzen. Die grösste Angst war also, was, wenn Joseph einmal krank ist? Bei fast täglichen Auftritten und neun Monaten im Jahr ist das nicht unwahrscheinlich. Joseph war tatsächlich einmal heftig erkältet und konnte kaum mehr reden. Die Kopfstimme der Marie-Thérèse aber war unversehrt. Das wusste selbst Fredy Knie nicht, und von da an erübrigte sich seine Befürchtung.

Sprache war ein Thema für Marie-Thérèse: Als Westschweizerin in der Deutschschweiz lag es nahe, sich über den Röstigraben lustig zu machen. Zwar verstand sie kein Wort Schwyzertütsch, aber die vielen Ortsnamen mit derselben Endung -ikon liessen sie aufhorchen: Wetzikon, Zumikon, Pfäffikon ... so viele «con» habe sie nie gehört. Aber so viel Französisch versteht jeder Zirkusbesucher. Ob da auch nur Dummköpfe wohnten, dazu machte sie keinen Kommentar!

Wie aber kann man in einem deutschsprachigen Theater auftreten, ohne ein Wort Deutsch zu sprechen? Kunststück. Ein Comédien weiss, wie. Ihre Texte liess Marie-Thérèse Porchet sämtliche ins Schweizerdeutsch übersetzen und lernte sie einfach auswendig. Einfach. Der Test fand im Vorfeld des Engagements von 2010 bei Viktor Giacobbo in Winterthur statt. Eine Delegation des Circus Knie war eingeladen «zur Prüfung». Man war auf alles gefasst, besonders darauf, dass es peinlich wurde.

Marie-Thérèse Porchet und Lebenspartner Florian Sapey (Mitte) mit Mary-José Knie und Fredy Knie jun.

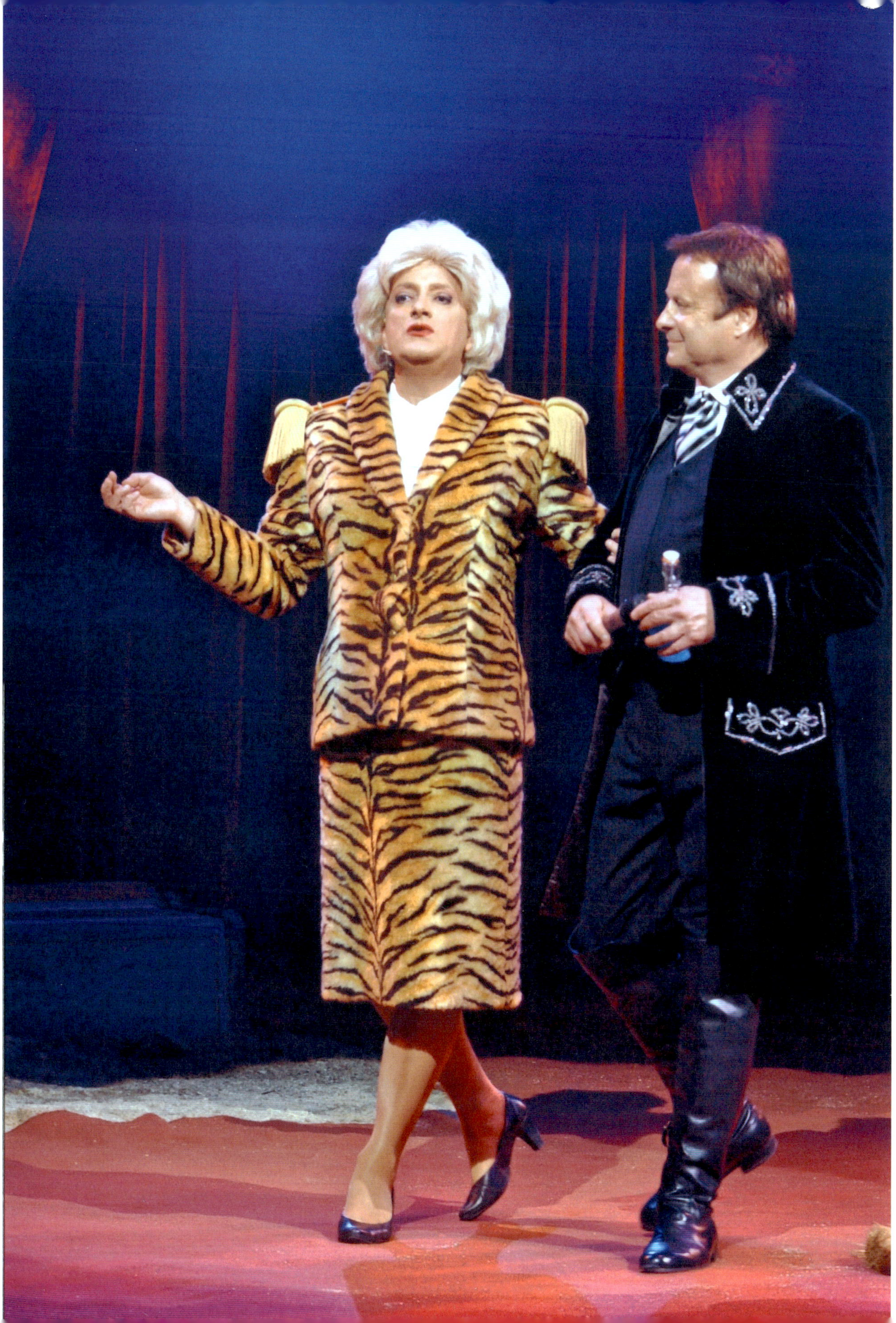

Nichts dergleichen. Marie-Thérèse gab sich keine Blösse und rezitierte fehlerfreies Allemand, mit gut französischem Accent, was durchaus seinen Reiz hat. Besonders für eine Concierge. Sie kam an und wurde stante pede für die Schweizer Tournee engagiert.

Was weniger gut ging, aber mit Bravour gelöst wurde, waren die Tiernummern. Marie-Thérèse wollte auch reiten. Und nicht nur das, sie wollte – weil sie grad nach einer Pferdenummer an der Reihe war – rückwärts in die Manege reiten. Dazu nahm sie während acht Monaten Reitunterricht. Doch die Angst vor den Tieren wurde der Comédienne nicht genommen. Sie versuchte es trotzdem und siehe da, bei der Premiere kam sie rücklings auf einem Pferd in die Manege. Im letzten Moment, für die Zuschauer schon sichtbar, fiel sie vom Pferd, dem nachfolgenden Fredy Knie direkt in die Arme. Er konnte sie grad noch auffangen.

Das war nicht geplant und schon gar nicht so eingeübt. Aber der Kommentar – professioneller gehts nicht – lautete: «Monsieur kann nicht einmal sein Pferd anhalten, und so was heisst Knie!» Die Übung wurde dann trotz aller Spontaneität nach ein paar Tagen abgesetzt. Heute sagt Fredy Knie jun. lachend dazu: «Mehr Aufwand, um dreimal vom Pferd zu fallen, gab es nie!» Was nicht geht, geht nicht. Marie-Thérèses Kommentar zu den Pferden: «C'est bête, ces bestioles...»

Joseph Gorgoni konnte seine Anonymität sehr lange bewahren. Sobald er in der Öffentlichkeit stand, war er Marie-Thérèse Porchet: Auf der Bühne, bei jedem Fernsehinterview kam er als Frau, geschminkt und im bekannten Kostüm. Privat war er wieder Joseph. Bis auf einmal, da liess er sich zu einem Gespräch als Privatmann überreden. Inklusive Fototermin. Für kurze Zeit war die Privatsphäre dahin. Doch irgendwie muss man nach Joseph heute wieder suchen. Man spricht nur von Marie-Thérèse.

Marie-Thérèse Porchet als Madame la Concierge
und neben Mary-José Knie als Trachtenfrau.
Die weibliche Rolle bis ins Detail eingeübt.

Ursus & Nadeschkin
2002

Wie küsst man einen Seelöwen? Wie springt ein kleiner Hund durch einen grossen Ring? Was man im Circus Knie beherrscht, das – so das erklärte Ziel von Ursus & Nadeschkin – bringen wir auch zustande. Aber so einfach, wie man es sagt, ist es nicht getan.

Fredy Knie jun. hatte schon lange geliebäugelt mit den beiden Künstlern, die sich gerade auf einer steilen Erfolgstour befanden. Seine einzigen Bedenken waren, dass sie «zu sprachlastig» waren, wie er sagt. Nun ja, in der Tat können die beiden ausgebildeten Schauspieler haargenau zeitgleich fast ununterbrochen drauflosreden. Sogar die Pausen sind identisch, Ein- und Ausatmen inklusive. «Synchron sprechen» nennt sich das. Und ist ihr Markenzeichen.

Als Fredy Knie jun. aber in ihrem Atelier erschien, um die Themen und Inhalte zu besprechen, fand er eine Wand vollgeklebt mit Skizzen und Vorschlägen, die auch noch parat waren und genauso ihrem Repertoire entsprachen. Sprechen war also nur ein Element aus ihrer Requisitenkiste. Alle Zweifel, dass sie zu wenig «action» bringen würden, waren im Nu ausgeräumt.

Hinzu kam, dass all die Szenen zirzensische Nummern erster Güte waren: Da gab es ein selbst gebasteltes Pferd und eine Giraffe, die den Tieren aus dem Circus Knie fast hätten Konkurrenz machen können. Doch Ursus & Nadeschkin wussten, wie damit umzugehen und das Publikum in Bann zu halten. Sie kamen bei Gross und Klein gleich gut an. Ihre Show war plausibel, visuell hervorragend und entzückte die Zuschauer.

Fasziniert war Fredy Knie jun. schon damals von ihrem virtuellen Auftritt. Ursus & Nadeschkin waren die ersten Gastkünstler des Circus Knie, die einen eigenen Blog hatten. Das machte sie noch zusätzlich beliebt.

Und wie war das jetzt mit Nadias Haaren? Sie waren echt, damals. Eine Perücke sind sie erst später geworden, als sie eines Tages beschloss, wieder in der Anonymität zu verschwinden. Jetzt kennt man sie nicht mehr auf Anhieb in der Migros. Nur im Theater trägt sie noch ihre wilden Strähnen. Und vielleicht wieder einmal im Circus Knie!

Grenzenloses Repertoire.
Schnell sprechen und entzückende Tiernummern ...
... sogar mit echten Tieren.

Massimo Rocchi
2003

«Jetzt oder Knie» war das Motto von Massimo Rocchi, als er im Jahre 2003 beim Circus Knie als Gastartist wirkte. Er schöpfte tatsächlich aus dem Vollen.

Massimo Rocchi wurde in Italien geboren und beherrscht drei von vier Landessprachen der Schweiz. Er beherrscht sie nicht nur, er kann sie auf der Bühne einsetzen. So ein Sprachtalent, das darüber hinaus zirkusaffin war, wollte sich Fredy Knie jun. nicht entgehen lassen. «Zirkus ist wie Elfmeterschiessen», kommentierte der Künstler einst. Es komme drauf an, das Publikum in der ersten Minute für sich zu gewinnen.

Der Circus Knie arbeitet wie kein anderer Zirkus mit Tieren. Das wollte auch Massimo Rocchi in seiner Show tun. Er trat mit einem Watussirind auf, mit einer Eselin, mit einer Gänseschar, ja, zeitweilig waren sogar Eselin und Gänse gleichzeitig in der Arena. Ob er mit einer Fliegenklatsche rücklings auf der Eselin sass und die Gänse zu kommandieren versuchte, oder ob er mit einem dünnen Seil das mächtige Rind bewegen wollte, das Publikum hatte viel zu lachen. Dafür hatte sich Massimo Rocchi sehr intensiv vorbereitet. Während der Vorarbeit zwischen Januar und Mitte März reiste er täglich im Zug von seinem Wohnort Bern nach Rapperswil «zur Arbeit». Er wollte nur in der Ambiance des Circus Knie mit den echten Tieren trainieren.

Spontan konnte Massimo Rocchi allerdings auch sein. Als er vor seinem Auftritt im Circus Knie in der Fernsehsendung «Benissimo» auftreten sollte, war er zunächst ratlos. Was er denn zeigen solle, es sollte ja nicht dasselbe wie im Zirkus werden. Nach einigem Hin und Her schien die Idee plötzlich geboren.

«Ich weiss was», sagte er zu Fredy Knie jun., «aber du musst mitkommen.» Er brauche nichts zu tun, nur eine Geissel mitzubringen und diese als Startzeichen einzusetzen. Er würde alles Weitere selbst besorgen. Fredy Knie jun. staunte nicht schlecht, als Massimo Rocchi während der Probe im Studio nach dem Knall seiner Geissel plötzlich in den Unterhosen erschien und tat, als ob er ein Pferd wäre. Das Fernsehpublikum hatte seine Freude daran, sodass Massimo Rocchi in der anschliessenden «Benissimo»-Sendung tatsächlich in den Unterhosen auftrat. Doch als dann diese Nummer auch im Zirkus gebracht werden sollte, stutzte Fredy Knie jun.: «Einmal ist ja lustig, aber nicht eine ganze Saison lang!» Der Künstler duldete keine Widerrede. Er war überzeugt, die Leute so zum Lachen zu bringen. Und so blieb die Nummer einer der grossen Lacher der Saison.

«Jetzt oder Knie»
Ein Konkurrenzbild zum Logo des Circus Knie?

Sogar das Watussirind versteht den dreisprachigen Massimo Rocchi.

Da war selbst Fredy Knie jun. perplex: Die Unterhosennummer aus «Benissimo» war sogar zirkustauglich.

Ein kleineres Problem gab es im Vorfeld des Engagements beim Circus Knie für den Zug fahrenden Künstler: Er traute sich nicht, seinen Wohnwagen mit seinem Auto von einem Aufführungsort zum nächsten zu ziehen. «Wenn das das einzige Problem ist, dann ist das keines», sagte Fredy Knie jun. dazu, und so wurde Massimo Rocchis Wagen als einziger von Zirkusangestellten gezogen. So grosszügig diese Geste war, dem Künstler selbst war es offenbar doch nicht ganz wohl dabei. Doch aus der Not machte er eine Tugend. Da er immer als Erster am neuen Ort war, war sein Wohnwagen auch als erster betriebsbereit. Als gebürtiger Italiener und guter Koch liess er sich nicht blamieren. Sobald auch die anderen Artisten mit der Einrichtung ihres Zuhauses fertig waren, gab es bei Massimo «Spaghetti alla casa Rocchi». Kein schlechter Tausch.

Wo ist die Fliege?

115

Viktor Giacobbo
2006

«Suleika war ein Luusmeitli», sagt Fredy Knie jun. Und das sollte vor allem Viktor Giacobbo zu spüren bekommen. Doch so weit war es noch nicht.

Immer, wenn der Circus Knie in Winterthur war – das war meist um Ostern –, war auch Viktor Giacobbo anwesend. Schon als Kind schaute er zu, wie das Zelt aufgebaut wurde, die faszinierenden Zirkuswagen ankamen und die Tiere transportiert wurden. Da gab es für ihn nichts anderes mehr. Er musste alles miterleben. So wurde aus Viktor schon früh ein Circus-Knie-Fan. Fredy Knie jun. wollte ihn lange schon für eine Vorstellung engagieren. Viktor Giacobbo war sofort interessiert, aber noch spielte er «Viktors Spätprogramm». «Sobald ich damit aufhöre, bin ich dabei», war die Abmachung. Ein Jahr, nachdem er sein Spätprogramm abgesetzt hatte, kam er zum Circus Knie. Und zu Suleika.

Suleika war eine Kameldame. Ein ab und zu widerspenstiges Tier, das gerne bockte, um seine Mitspieler zu verunsichern. Viktor war ein dankbares Opfer für ihre Launen. Doch was sich neckt, liebt sich bekanntlich. Die beiden wurden ein Zirkuspaar. Viktor verwöhnte die Dame mit trockenem Brot und allem Möglichen, was dazu beitrug, dass sie sich anständig verhielt. Denn irgendwie hatte er immer ein bisschen «Schiss» vor ihr. Es gab ein weiteres Mittel dagegen.

Viktor fühlte sich bedeutend wohler, wenn Fredy Knie jun. beim Trainieren höchstpersönlich in der Manege war. Nicht dass er etwas gegen den marokkanischen Tierpfleger hatte, im Gegenteil. Dennoch fragte er Fredy Knie einmal, ob dieser dabei sein könne. Natürlich machte Fredy Knie das gerne für seinen Freund. Und so wurde der Zirkusdirektor Fredy Knie jun. praktisch eine Saison lang der Kamelführer seines Artisten. Der Erfolg war vorgeplant.

Bei echten Freunden lässt sich auch mit Angst spassen. Das nutzte Fredy Knie jun. mit Vergnügen aus, wusste er doch, dass Viktor Giacobbo dies tolerieren würde. Oft, wenn Viktor bereits hinter dem Vorhang auf seinen Auftritt wartete, versteckte sich Fredy Knie jun. und kam erst im allerletzten Moment lachend hervor. Nur um seine Freude daran zu haben, wie Viktor nervös wurde und aufgeregt nach ihm fragte.

Überhaupt waren Fredy Knie jun. und Viktor Giacobbo beste Freunde geworden. Viktor – da allein lebend – war täglich bei Fredy zu Tisch. Sie hatten es überaus lustig miteinander. Viktors Gegenleistung – und darauf beharrte er – war der beste Kaffee, den es gibt. Das war wie ein Ritual. Er besorgte Kaffeebohnen, die er von einem speziellen Händler extra rösten liess. Und die Kaffeemaschine war unantastbar. Da liess er niemanden ran. Kein Wunder, wurde sie auch in seiner späteren Fernsehsendung fester Bestandteil.

Die schönste Überraschung gab es am Schluss der Saison für Viktor. Kamele verlieren im Frühjahr ihre Haare. Kamelhaar ist bekanntlich etwas Edles. Noch edler ist es, wenn es von einem geliebten Kamel stammt. Fredy Knie jun. liess sich etwas Besonderes einfallen. Suleika war das einzige braune Kamel neben vier weissen. Sobald im Frühling ihr Fell zu lichten begann, beauftragte Fredy Knie jun. den marokkanischen Tierpfleger damit, die braunen Haare Suleikas in einem speziellen Sack zu sammeln. Keine weitere Erklärung. Der Tierpfleger begann sich schon zu hintersinnen, was das jetzt für eine Macke sei. Doch gehorsam und ohne zu murren befolgte er die Anordnung. →

Das Publikum in Bann gezogen. Viktor Giacobbo dirigiert mit Erfolg.
Auf sicheren Trampelpfaden in der Manege.
Schüchterne Anmache. Ob Géraldine wohl anbeisst?
→

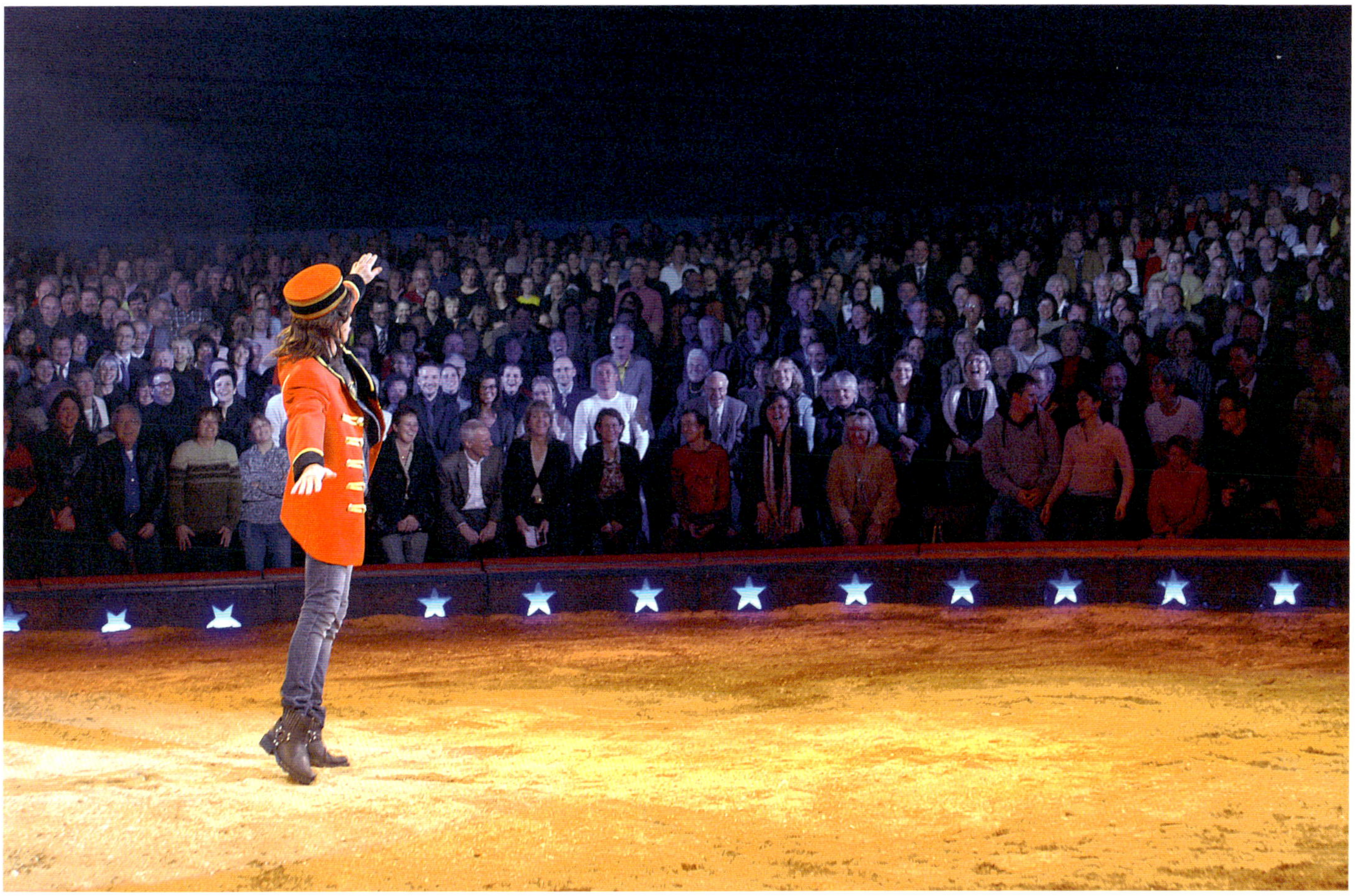

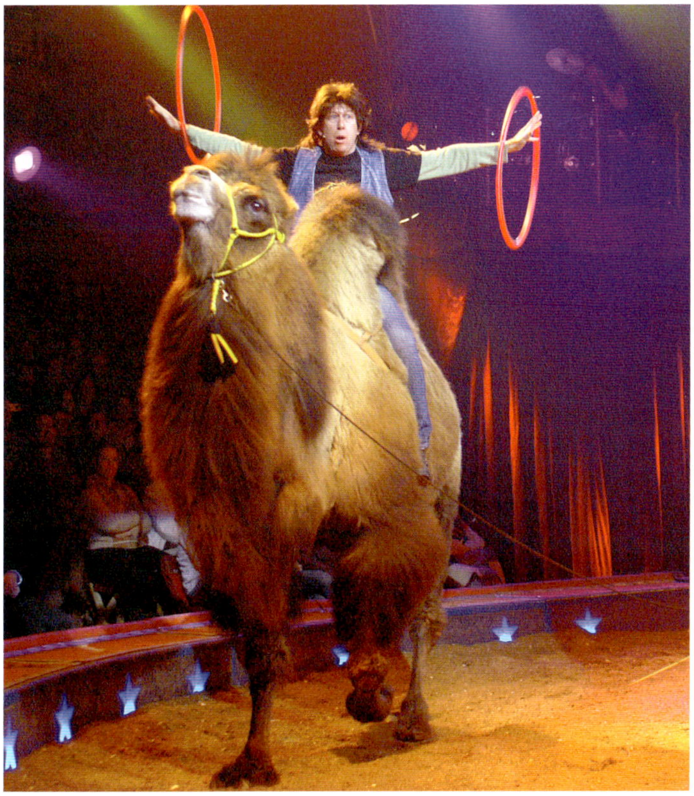

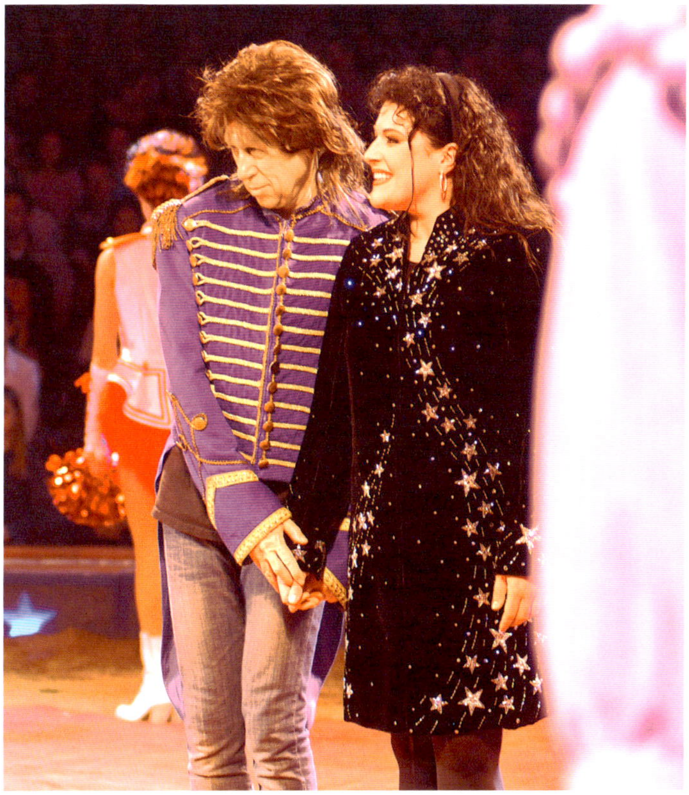

Die Farbe ist echt: gefilztes Kamelhaar als Überraschung.
Viktor Giacobbos Abschiedsgeschenk des Circus Knie nach der Saison 2006.

Ende Mai, als alle überflüssigen Haare Suleikas ausgekämmt waren, wurden sie gereinigt. Dann suchte man jemanden, der sie spinnen konnte. Da stellte sich heraus, dass Kamelhaar allein sich nicht spinnen lässt. Es muss mit Schafwolle gemischt werden. Das war indiskutabel. Suleikas Haare durften auf keinen Fall gemischt werden. Was nun? Filzen war die Lösung. Filzen ging. Die Haarpracht der Kameldame war ergiebig. Aus ihrem Winterfell konnte man einen Regenhut, Filzpantoffeln, eine Decke und Handschuhe fertigen. Und all dies war Viktors Geschenk zum Abschluss der Saison. Keiner hatte etwas geahnt. Die ganze Belegschaft hatte dicht gehalten. Und die Überraschung für Viktor war perfekt.

So war Viktor definitiv versöhnt mit Suleika. Er verzieh ihr sogar, dass sie ihn einmal während einer Vorstellung von ihrem Rücken geworfen hatte, bockig wie sie war. Was sich liebt, das neckt sich, könnte man andersherum sagen.

Suleika darf fast alles. Zumindest wenn es ums Fressen geht.
Und steht auch gerne Parade: mit Viktor Giacobbo, Fredy Knie jun. und Franco Knie sen.

Chaos-Theater Oropax
2008

Nein, es ist nicht falsch geschrieben. Wer bei Oropax und Circus Knie Ohrenstöpsel vermutet, liegt definitiv daneben. Im Gegenteil, wer Ohren hat, der höre – und staune.

«Die beiden sind im Leben genauso chaotisch wie auf der Bühne», kommentiert Fredy Knie jun. Als Komiker sind sie nur zwei Brüder, doch wer ihnen zuhört, weiss plötzlich nicht mehr, ob das tatsächlich auch so ist. Da gibts lauter Verwirrspiele mit «verbrüdern», «versöhnen» und «mitnichten».

Privat wars tatsächlich nicht anders. Sie kamen auf Tournee mit ihren Frauen und sechs Kindern, und die ganze Familie genoss die Saison in vollen Zügen. Nein, sie fuhren natürlich auch im Zirkuswagen mit.

Mit Oropax engagierte der Circus Knie zum ersten Mal ein Komikerduo aus Deutschland.

Starbugs
2008 Tessin, 2009 Deutschschweiz, 2011 Romandie

Der Anfang war im Tessin. Im Jahre 2008 hatte Fredy Knie jun. die drei schnellen Berner für seine Tournee in der italienischen Schweiz engagiert. «Breakdance zum Lachen» könnte man ihre Show benennen, doch sie erfanden einen eigenen Titel: Rhythmische Sportkomik. Dazu sahen sie alle drei umwerfend gut aus – für Clowns kein Muss –, aber die Girls kreischten wie bei Popstars, wenn sie die Arena betraten. Ihre Begabung, Neues zu kreieren, kam 2008 während der neun Tage im Tessin so gut an, dass Fredy Knie jun. sie auch für den Rest der Schweiz verpflichten wollte. Sie zögerten, das sei zu gross für sie. Es brauchte einmal mehr den Charme Tochter Géraldines, um sie zu überzeugen, und sie waren dabei. Im folgenden Jahr in der Deutschschweiz, zwei Jahre darauf auch in der Romandie. Und heute sind sie weltweit bekannt. Von Monaco bis Montreal.

Starbugs, der Schwarm der jungen Girls:
innovativ, akrobatisch und erst noch gut aussehend.

Gardi Hutter und Ueli Bichsel
2000

Die Clownfrau Gardi Hutter war bereits für den Auftritt im Millenniumsjahr 2000 von Fredy Knie jun. engagiert worden. Die 1990 mit dem Hans-Reinhart-Ring ausgezeichnete Schauspielerin war prädestiniert für eine Jubiläumsveranstaltung des Circus Knie. Mit ihrer Strubelfrisur und ihren weiten Röcken war sie bekannt im ganzen Land. Fürs Jahr 2000 hatte sie zusammen mit ihrem Bühnenpartner Ueli Bichsel ein eigenes Zirkusprogramm gestaltet: Hanna & Knill.

Als Fredy Knie jun. sie fragte, ob man neben ihr noch ein weiteres Künstlerpaar – es handelte sich um Flügzüg – bringen könne, erklärte sie sich sofort einverstanden, war sie doch schon in aller Munde. Der Auftritt im Circus Knie gab ihr noch zusätzlichen Schwung. Seither ist sie wieder vermehrt solo zu erleben. Dazu heimst sie weiterhin eifrig Preise ein.

Und sie gilt längst als «Europas beste Clownin».

Den Erfolg im Koffer: Europas beste Clownin mit Ueli Bichsel, zu Gast im Circus Knie im Millenniumsjahr 2000.

Edelmais
2011

René Rindlisbacher und Sven Furrer – wie im Übrigen alle geladenen Künstler – freuten sich ganz besonders, als sie für die Saison 2011 des Circus Knie engagiert wurden. Das Wohnen auf engstem Raum während acht Monaten war für die beiden eine echte Herausforderung, wie sie es selbst formulierten. Vor allem Sven, der mit seiner Familie in den Wohnwagen einzog, war gefordert. Dass die Kinder aber dann die Zirkusschule überaus genossen, war eine schöne Belohnung.

Edelmais – als Komikerpaar den Fernsehzuschauern längst ein Begriff – liessen sich für ihre Nummer von der Zirkuswelt inspirieren, aber sie waren sich auch bewusst, was diese Saison bedeutete: «Wir haben genau eine Chance, das Publikum für uns zu gewinnen, und die muss klappen», sagte René anlässlich eines Fernsehinterviews im Vorfeld der Saison. Für Sven ging mit diesem Engagement ein Kindheitstraum in Erfüllung. In breitestem Walliserdialekt erklärte er, dass er schon als Kind zirkusbegeistert gewesen sei. Ein schöneres Angebot könne er sich nicht wünschen.

Viel Mais und Klamauk zur Freude der Zuschauer.

Kartenmotiv von Hans Erni zur Hochzeit von Mary-José und von Fredy Knie jun. 1972.

«Wir wollen etwas vom Pferd, nicht das Pferd will etwas von uns. Also muss der Mensch den ersten Schritt tun, damit das Pferd auch etwas von uns will und freudig mitmacht.»

Fredy Knie jun.

«Lass das Pferd Pferd bleiben»

Dreissigtausend Jahre alt ist der gemeinsame Weg von Pferd und Mensch seit dem Aurignacien, der ältesten Kultur des europäischen Jungpaläolithikums, die zugleich mit der Ausbreitung des anatomisch modernen Menschen (Homo sapiens) in weiten Teilen Europas in Verbindung steht. Als Beutewild sicherten Pferde das Überleben unserer nacheiszeitlichen Vorfahren. Als Kriegsgeräte der frühkulturellen Machtzentren gelangten sie in die ganze damals bekannte Welt. In Transport, Ackerbau, Reisen und in der Flusstreidelwirtschaft dienten sie als Zugtiere. Als Lieferant von Fleisch, Leder, Haaren und Milch wurden sie so universell genutzt wie keine andere Tierart.

Doch immer wurde Pferdehaltung und -nutzung nach reinen Rentabilitätsüberlegungen betrieben. Auf die Bedürfnisse der Pferde als hochsozialisierte Art mit ihren Ansprüchen an Licht, Luft, Bewegung und Sozialkontakt nahm sie keine Rücksicht, selbst dann nicht, als man deren Bedürfnisse kannte. Die Verhaltensforschung hat sich des Pferdes auch relativ spät angenommen, und die Tierschutzgesetzgebung sowieso. Doch Pferde sind in all den langen Zeiten vielen Menschen auch über den Gebrauchswert hinaus teuer gewesen und wurden in Arbeit, Gefahren und Sport zu Kumpanen.

Nach dem Zweiten Weltkrieg schien das Schicksal des Pferdes zunächst besiegelt. Doch vor allem durch die Freizeitreiterei entstanden wiederum neue Aktivitäten mit Pferden, und der wiederauflebende Pferdesport schuf eine ungeahnte Renaissance der Pferdeszene in Rassen- und Einsatzvielfalt. Eine Flut von Reitstilen, Rassen, Einsatz- und Sportarten, Ausbildnern, Gurus und Medien bemächtigte sich alsbald des alten Weggefährten.

Pferde artgerecht zu halten, auszubilden und sie in mannigfacher Weise zu nutzen, setzt Kenntnisse über ihr Verhalten und ihre Bedürfnisse voraus, die vor allem in jahrelangem Zusammenarbeiten mit ihnen erwachsen. Liebe zu den Pferden allein genügt nicht.

Ein solcher Hort des Wissens und der praktischen Erfahrung mit Pferden unzähliger Rassen ist der Circus Knie. Wenige Produkte sind mit dem Namen, den sie führen, synonym. Knie dagegen steht für Pferde, und wer an Pferde denkt, denkt an Knie.

Nicht immer sind gute Pferdeausbildner und Reiter auch gute Lehrer. In den regelmässigen Kursen über Pferdeverhalten und -ausbildung vermittelt Fredy Knie jun. in seiner unnachahmlich feinen Art den langen Ausbildungsweg vom Jungpferd zum ausgebildeten Dressurpferd oder Manegeartisten. Die hohe Auslastung dieser Kurse widerspiegelt deren Beliebtheit.

Dieses Wissen wird natürlich auch in den öffentlichen Tierproben weitergegeben. Zwar wird heute viel über Pferde geschrieben, die wirklichen Fachleute aber schweigen leider häufig. Umso verdienstvoller ist es daher, dass dieses Buch nun geschrieben ist.

Ewald Isenbügel

Professor Dr. Ewald Isenbügel, ausgewiesener Pferdekenner und bekannter Förderer des Islandpferdes.

Ein Freudensprung! Einfach so. →

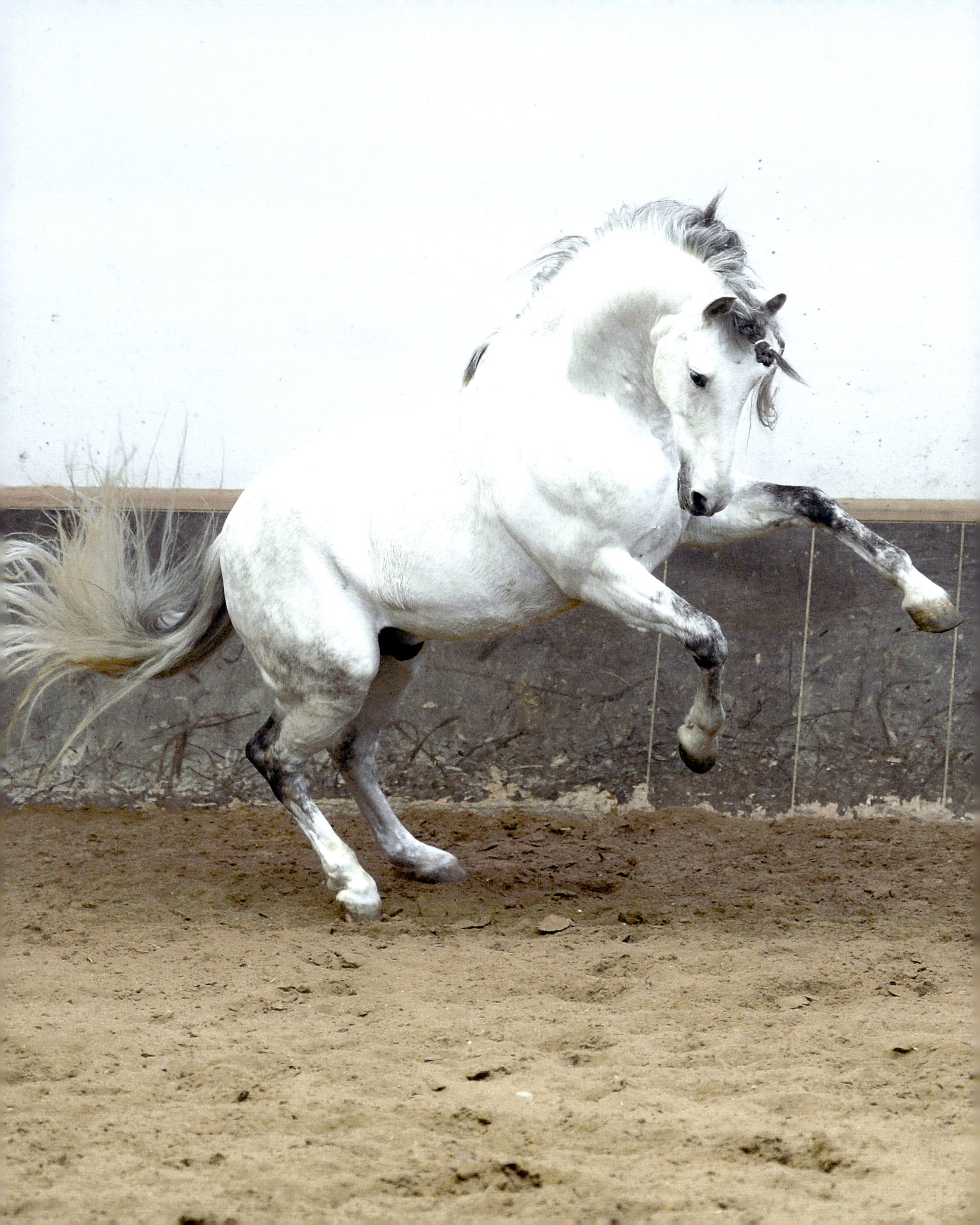

Allgemeines und Besonderes zum Wesen Pferd

Verstehen und Vertrauen

Wem das Wohlbefinden seines künftigen Pferdes eine nachhaltige Verpflichtung ist, hat, lange bevor er oder sie mit dem Tier in Berührung kommt, gewichtige Entscheidungen zu treffen, die – für das Pferd – weitreichende existenzielle Konsequenzen haben. Von Belang sind: Zeit und Geld. Wie hoch ist das Budget für den Kauf des Tieres zu veranschlagen? Kann ich für die laufenden Unterhaltskosten aufkommen? Die Beträge für Stallmiete, Futter und Zubehör, Medikamente und tiermedizinische Behandlung im Krankheitsfall, für Hufschmied und Versicherung können ganz schön zu Buche schlagen. Deshalb: Kann ich mir ein Pferd finanziell leisten? Möglicherweise lassen sich die anstehenden Ausgaben nach dem «Sharing-Prinzip» begleichen, vielleicht ist das eine Lösung? Auf jeden Fall dürfen die materiellen Verpflichtungen nicht zu einer untragbar schweren Last werden, bei der – als Folge davon – das Pferd vernachlässigt wird.

Die für das Tier aufzubringende Zeit soll nicht unterschätzt werden. Eine verständnisvolle und fachgerechte Betreuung an sieben Tagen in der Woche ist eine unabdingbare Selbstverständlichkeit, die keiner besonderen Erwähnung bedarf. Eine dem Pferd nahestehende Bezugsperson muss Garant dafür sein, dass die Aufgabenverteilung zwischen Pflegern und Ausbildnern sichergestellt ist. Tiere brauchen Zeit, und die muss man sich nehmen.

Die Regeln guter Tierhaltung

Damit sich Pferde entfalten können, brauchen sie ihrem Wesen entsprechend viel Bewegung und eine abwechslungsreiche Beschäftigung. Es macht Sinn, die tägliche Futterration in mehreren Portionen aufgeteilt an verschiedenen, auseinanderliegenden Stellen anzubieten. Pferde, ob als Freizeitpartner geschätzt oder in sportlichen Disziplinen verwendet, sind sozial orientierte Lebewesen, sie dürfen nicht alleine gehalten werden. Notfalls kann ein Pony den grossen Verwandten Gesellschaft leisten.

Grundsätzlich ist zu überlegen, welche Haltungsform für welches Pferd bevorzugt werden soll. Hengste, Stuten und Wallache zusammen in einem Freilaufstall halten zu wollen, kann nur funktionieren, «wenn alles stimmt». Wie auch immer: Die Stallräumlichkeiten müssen grosszügig bemessen und hell sein, entscheidend ist aber auch die Zufuhr von frischer, sauerstoffreicher Luft.

Der Weidegang und der Aufenthalt im Paddock sorgen für Ausgeglichenheit. Pferde sollen hin und wieder «den Kopf lüften» können. Momente, in denen die Tiere sich selbst überlassen sind, bedeuten, dass sie nicht auf ihre eigenen, individuellen Bedürfnisse verzichten müssen. Etwelche Ambitionen der Besitzer oder die im Vordergrund stehende – übertriebene – Fokussierung auf Hochleistung dürfen nicht dazu führen, dass die Interessen der Pferde unberücksichtigt bleiben.

Was will ich mit meinem Pferd erreichen? Und: Was behagt ihm? Wofür eignet es sich am besten? Die Wahl der Rasse und der Verwendungszweck entscheiden oftmals im Voraus darüber, ob später mit dem Tier gerecht umgegangen werden kann. Ein Freiberger ist kein hochgezüchteter Vollblutaraber! Nur wer sein Pferd kennt und es versteht, wer bereit ist, auf dessen Tagesform einzugehen, sollte mit Vernunft Forderungen an das Tier stellen dürfen. Auch muss es einem gelingen, das Pferd motivieren zu können.

Erst dann, wenn das Vertrauen einmal vorhanden ist, kann man daran denken, sämtliche Methoden, die der Ausbildung von Pferden dienen, kritisch zu durchleuchten. Für das Tier selbst ist es sicherlich von Vorteil, wenn sich der Mensch nachher konsequent an jene Vorgehensweise hält, für die er sich aus persönlicher Überzeugung entschieden hat. Die jeweilige Disziplin spielt dabei eine untergeordnete Rolle.

Es ist für den Halter einfacher, ein «rohes, unverdorbenes» Pferd nach der eigenen Zielvorstellung auszubilden. Doch bleibt anzumerken, dass – vor allem hierzulande – nur die wenigsten Pferde direkt von der Weide erworben werden. Deshalb gehört es zur Pflicht eines jeden Kaufinteressenten, die Lebensstationen des betreffenden Pferdes kennenzulernen. Was lässt sich anhand seiner Vorgeschichte zufriedenstellend eruieren?

Der Wechsel von einem Besitzer zum anderen bedeutet für jedes Pferd die Umstellung auf neue und unvertraute Gegebenheiten, insbesondere auch für jene jungen Tiere, die, zweieinhalb- oder dreijährig, direkt aus einem Gestüt stammen. Ein Vertrauensverhältnis zwischen Mensch und Pferd ist nur möglich, wenn das Tier den Halter von Anfang an als angenehme Bezugsperson erlebt. Reiter, die während einer Turnierprüfung oder im Gelände vom Pferd gefallen sind und danach dem Tier hinterherlaufen und es einfangen müssen, können ihre Beziehung zum vierbeinigen Partner wohl kaum als harmonisch bezeichnen. In nicht alltäglichen Situationen (beispielsweise beim Besuch des Hufschmieds) sollten Pferde auch ohne Verabreichung von sedierenden Präparaten beruhigt werden können.

Vertrauen kann nicht erkauft werden. Vertrauen setzt geduldige Arbeit voraus. Und die beginnt im Stall, auf der Weide, in gewohnter Umgebung. Bei der täglichen Pflege des Pferdes. Gemeinsame Spaziergänge auf umliegenden Strassen und Wegen, das Pferd am Stallhalfter geführt, vertiefen den Kontakt zwischen Mensch und Tier.

Die Grundausbildung eines Pferdes

Im Circus Knie lernt jedes Pferd, ausnahmslos, zunächst das «Abc». Diese fundierte Ausbildung stellt eine bewährte Grundlage der Pferdehaltung dar. Hier lernen Pferde die Grundbegriffe des Umgangs in der Manege kennen.

Schritt, Trab und Galopp sind die Grundgangarten aller Pferdeartigen, der Wild- und der Haustierformen. Zu der darauf basierenden Ausbildung gehören zudem die Cavaletti-Arbeit, das Anhalten und das Rückwärtslaufen, dem Tierlehrer entgegenlaufen (Appell) und ihm hinterherlaufen.

Handstock und Peitsche sind einzig und allein für die Zeichengebung bestimmt, welche durch Stimme und Körpersprache des Tierlehrers wirksam unterstützt wird. Die Hengste im Circus Knie lassen sich mit den genannten Instrumenten sogar streicheln, ohne dabei zu erschrecken.

Ein Pferd muss einen Namen haben, um reagieren zu können, wenn es gerufen wird. Zirkuspferde, die mit Artgenossen zusammen in der Manege arbeiten, wissen beim Ansprechen des Namens genau, wer von ihnen gemeint ist. Dass für eine bestimmte Übung immerfort dasselbe Kommando gegeben werden muss, ist leicht zu verstehen. Ein interessantes Detail: Den von Fredy Knie jun. per Mikrofon vermittelten fachlichen Erläuterungen, die bei Veranstaltungen dem Publikum das Geschehen erklären, schenken die Pferde kein Gehör; sie haben gelernt, zwischen den ihnen geltenden verbalen direkten Anweisungen und den sie nichts angehenden mündlichen Ausführungen zu unterscheiden. →

Pferde sind sehr wohl zur Konzentration fähig; die Tiere sollten jedoch in der Lernphase nicht überfordert werden. Deshalb sollten Übungen, die neu einstudiert werden, nicht länger als zwanzig Minuten dauern. Die angewandte Formel «2 x 20 Minuten – nicht 40 Minuten» hat sich als Vorteil erwiesen. Dort, wo Pferde jeden Tag nach dieser Vorgehensweise – einmal 20 Minuten pro Tag oder, um schneller ans Ziel zu gelangen, zweimal 20 Minuten pro Tag, mit einem längeren Unterbruch dazwischen – ausgebildet werden, bleiben die Erfolge nicht aus.

Ein Pferd, das eine Leistung (mag diese auch noch so klein sein) vollbracht hat, verdient eine Belohnung in Form eines Leckerbissens. Schliesslich sind die erzielten Fortschritte im Training Erfolgserlebnisse, die unbesorgt geteilt werden dürfen. Das Betteln nach Futterstückchen ist allerdings unerwünscht und muss konsequent unterbunden werden.

Die im Circus Knie praktizierte vertrauensfördernde Ausbildungsmethode ist ein System, an dem mehrere Personen partizipieren können. Ausbildner und Assistentinnen, die einen beruhigenden Einfluss auf die Pferde ausüben, werden geachtet und respektiert, während umgekehrt Beteiligte, die sich bei der Arbeit schnell gestresst fühlen, von den Tieren als störend wahrgenommen werden.

Angst einflössende oder bedrohliche Momente, nur schon das geringste Unbehagen, können Pferde augenblicklich zur Flucht veranlassen. Wer seinem Pferd ein wirklicher Begleiter sein will, muss das Ausdrucksverhalten dieses sensiblen Geschöpfs verstehen lernen.

Fredy Knie jun. ist sich sicher: Auch Pferde vermögen Freude auszudrücken. Obzwar sie nicht mit dem Schweif wedeln (können) wie der Hund mit seiner Rute, erkennen sie ihn, wenn er den Stall betritt. Es sei schon vorgekommen, dass er während der Proben vergessen habe, eines seiner Pferde vor dem Abgang mit einem Futterwürfel zu belohnen. Worauf das Tier stehen geblieben sei und ihn deutlich daran erinnert habe. Das sei mehr als recht und billig und der Beweis dafür: Gefühlsregungen sind Pferden nicht fremd.

Rund eineinhalb Jahre dauert die Grundausbildung, die auch für ältere Pferde geeignet ist, wenn diese bisher ausschliesslich geritten worden sind. Die fachlich korrekte Gymnastizierung des Pferdes, verbunden mit vertrauensbildenden Gehorsamsübungen, ist das Gegenteil von einer durch Abwehr und Zwang gekennzeichneten Abrichtung, bei der die Pferde malträtiert werden. Wenn ein Tier das von ihm Verlangte nicht auf Anhieb begreifen will, weil es die Anleitung des Tierlehrers nicht verstanden hat, darf dies nicht als Verweigerung missdeutet werden, denn Pferde sind von Natur aus kooperativ und lernfähig.

Und: Pferde sollen dürfen, nicht müssen. ✪

«Verstehen und Vertrauen sind die Grundlagen für ein positives Miteinander.»

Fredy Knie jun.

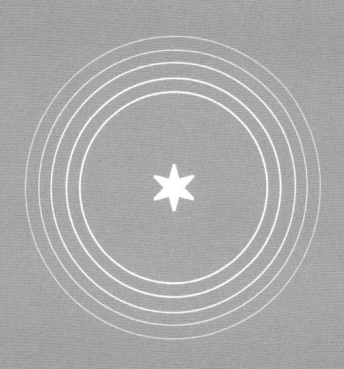

Schritt, Trab, Galopp

Sowohl die Wildequiden wie auch alle Vertreter der heute existierenden Pferde- und Eselrassen (einschliesslich der Maultiere und Maulesel) verbindet, dass sie sich in vier natürlichen Gangarten fortbewegen: Schritt, Trab, Galopp und der phasengleiche oder gebrochene Pass. Darüber hinaus haben Domestikation und planmässige Zucht eine Reihe von Pferderassen hervorgebracht, deren laterale Gangarten in unterschiedlichem Masse genetisch fixiert sind und durch eine gezielte Förderung und Ausbildung stabilisiert werden. Eine nur den Kennern vertraute Vielfalt von lateralen Bewegungsabläufen samt ihren rassetypischen Variationen und Modifikationen – zwischen reinem Viertakt-Tölt und synchronem Rennpass – ist in zahlreichen Diagrammen aufgezeichnet, analysiert und beschrieben worden. In der Schweiz gehören das Islandpferd und die aus Lateinamerika stammenden Rassen Paso Peruano und Paso Fino zu den wohl bekanntesten Gangpferden.

Trittlänge und Schrittlänge zeigen die beim Fussen zurückgelegte Distanz an.
Trittlänge = Abstand zwischen den Trittsiegeln der beiden Vorder- oder Hinterhufe.
Schrittlänge = Abstand der Trittsiegel der gleichseitigen Vorder- und Hinterhufe.

Schritt

Der Schritt, ein Viertakt in acht Phasen, ist die am häufigsten zu beobachtende Gangart. Es werden drei Schrittgeschwindigkeiten unterschieden:

− verkürzter Schritt
− langsamer Schritt
− schneller Schritt

✧ Vier Hufschläge hörbar.

Trab

Der Trab, ein Zweitakt in vier Phasen, ist eine gesprungene Gangart, bei der als charakteristisches Merkmal die Versteifung des Körperstammes hervortritt. Es werden zwei Trabgeschwindigkeiten unterschieden:

− langsamer Trab
− schneller Trab

✧ Zwei Hufschläge hörbar.

Galopp

Der Galopp, ein Dreitakt in sechs Phasen, ist eine gestreckte Gangart, die schnellste Fortbewegungsweise des Pferdes. Zur Entlastung wechseln Pferde zwischen Links- und Rechtsgalopp. Es werden vier Galoppgeschwindigkeiten unterschieden:

− Arbeitsgalopp
− Mittelgalopp
− starker Galopp
− Renngalopp

✧ Drei Hufschläge hörbar.

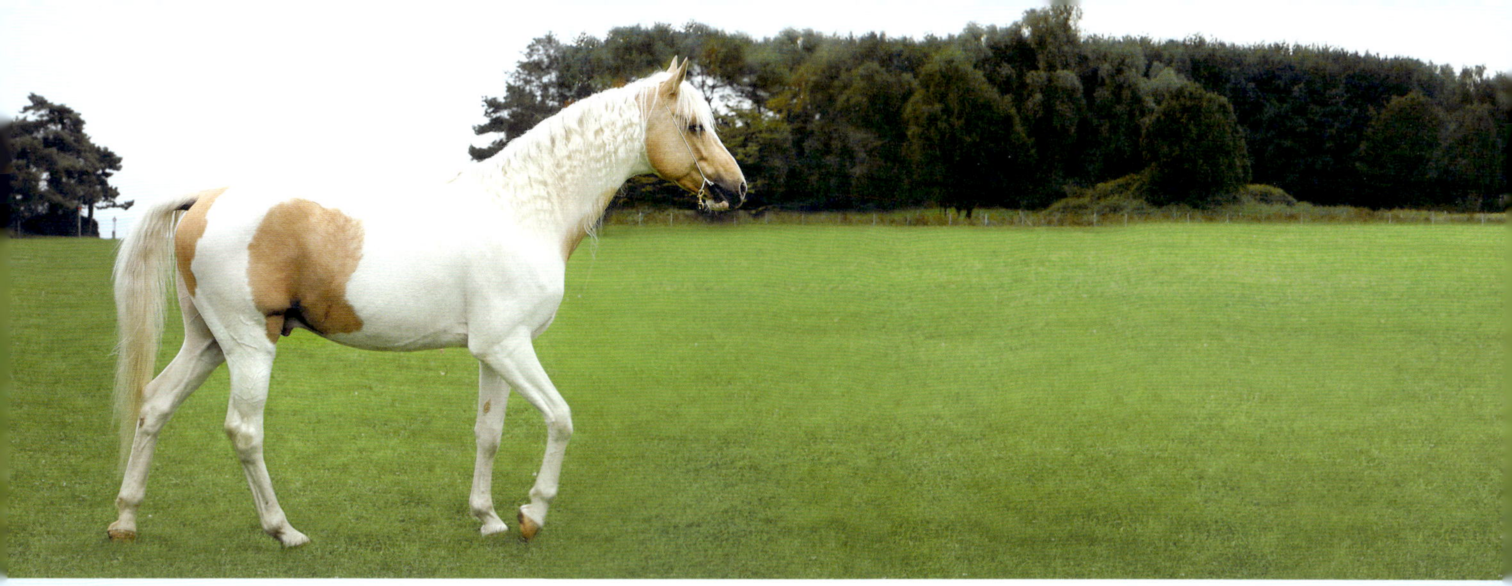

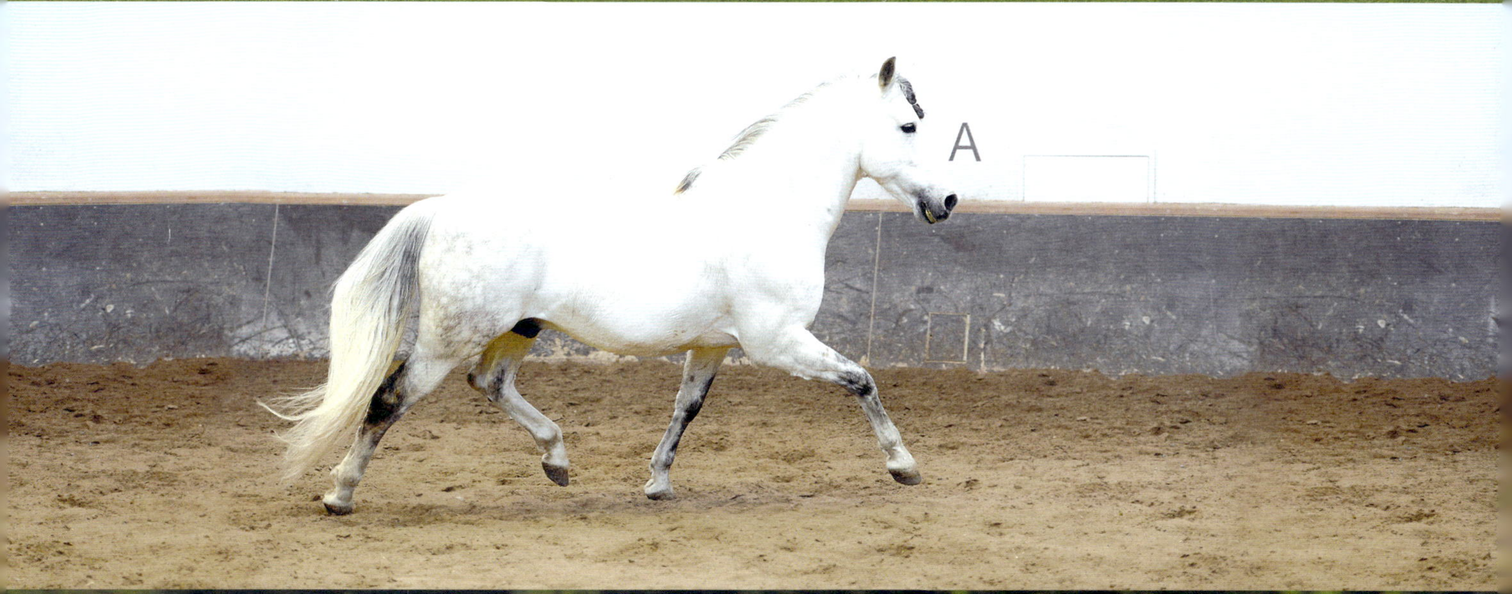
A

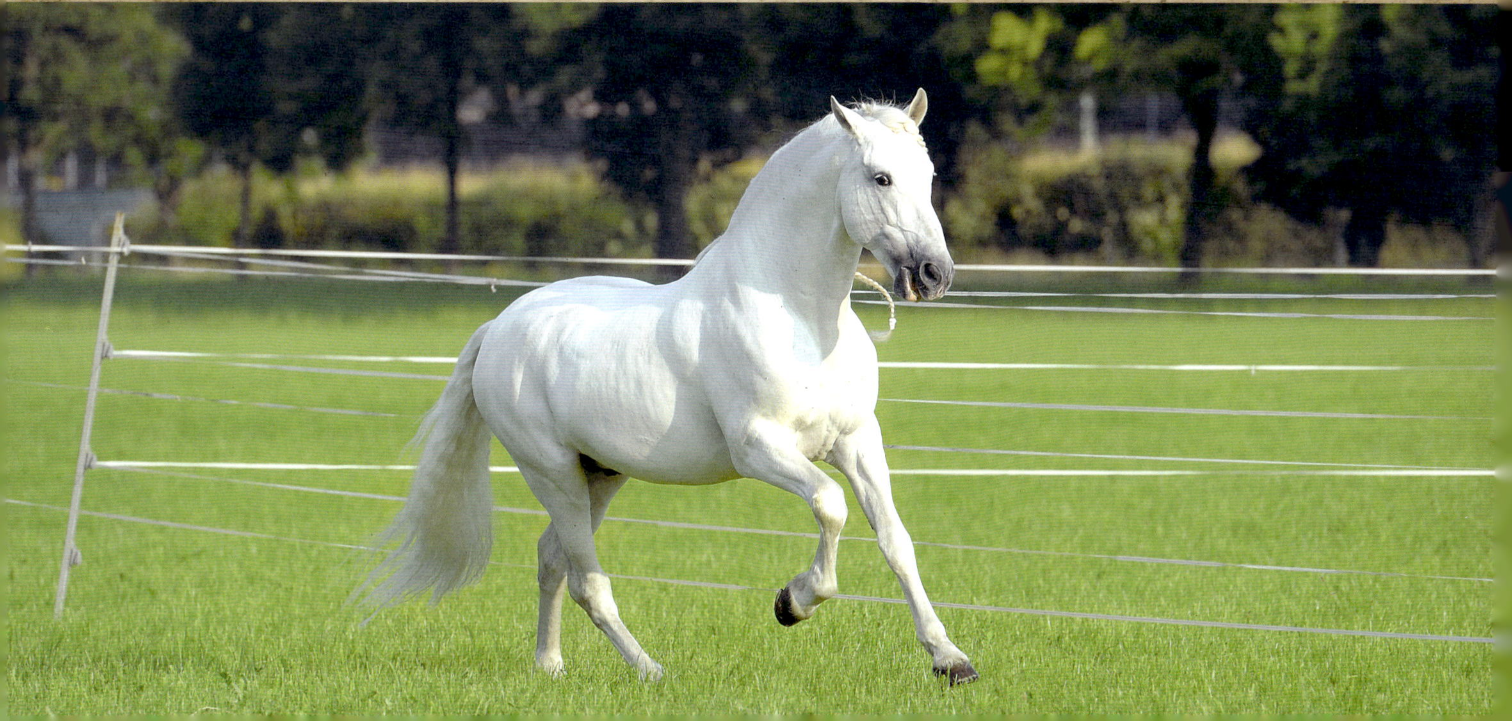

Rangordnung akzeptiert

Alle in einem Gruppenverband lebenden (domestizierten) Pferde respektieren die einem strengen Kodex unterliegenden Verhaltensregeln innerhalb komplexer hierarchischer Strukturen. Wenn im Circus Knie die erwachsenen – geschlechtsreifen – Hengste freilaufend in der Manege unter sich eine Rangordnung ausmachen könnten, würden die «Fetzen fliegen». Dabei wäre schon nach wenigen Minuten ersichtlich, welches von den Pferden im Kampf um die höchste soziale Stellung hinterher als klarer Sieger hervorgeht. So betrachtet spielt die Rangordnung keine Rolle, weder in der Morgenarbeit noch in der Vorstellung. Genauer: Die Führungsfunktion des Alphatiers innezuhaben, ist dem Tierlehrer vorbehalten.

Hengste testen fortwährend, wer von ihnen der Überlegene ist.

Spielerisches Kräftemessen zwischen zwei Kleinpferden.
→

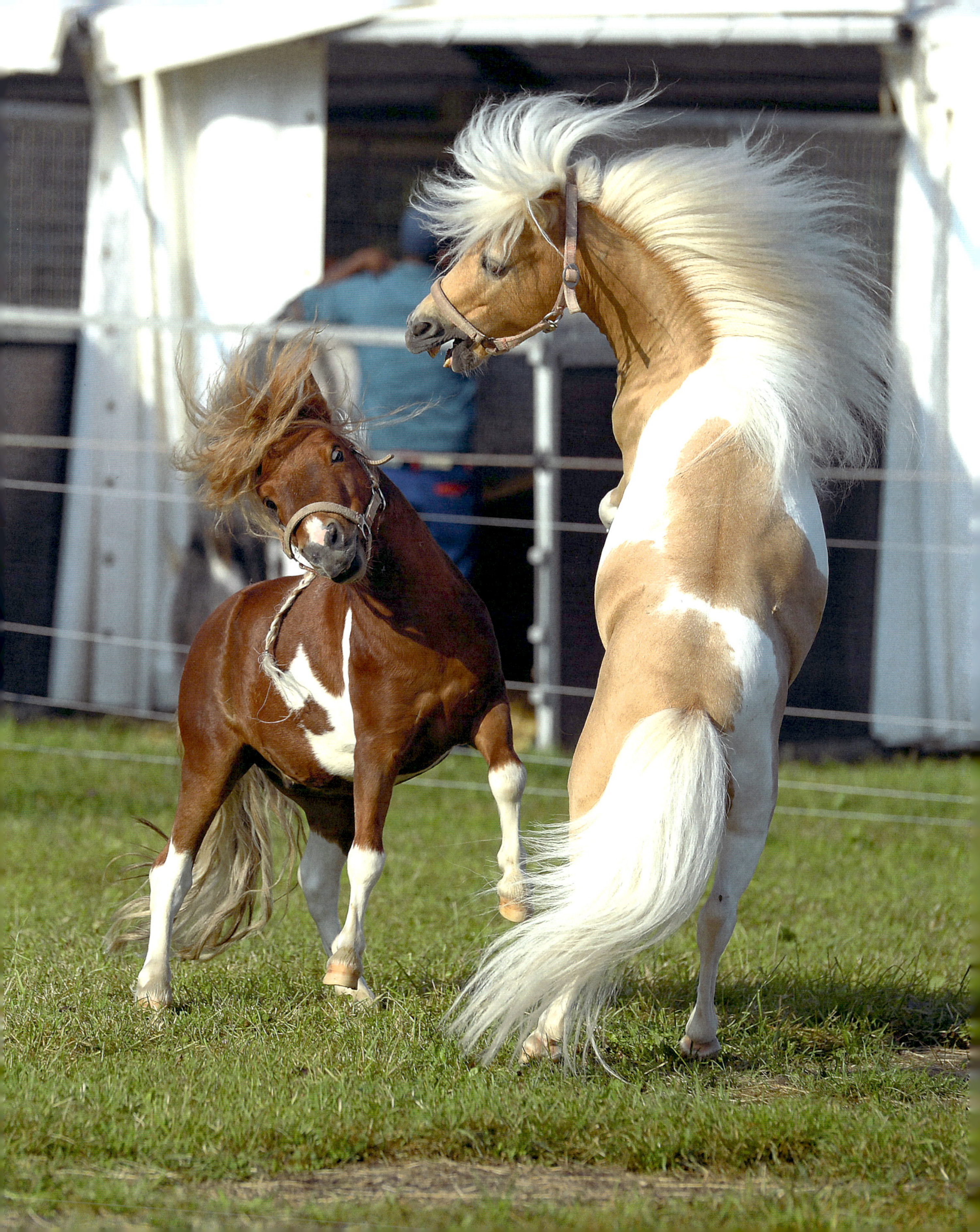

Steppenzebras – die wilden Verwandten

Das Böhm-Steppenzebra, seinerseits eine Unterart des Steppenzebras, gehört zu jenen Pferdeartigen, die nach der sogenannten «Red List», dem Kriterienkatalog der Weltnaturschutzunion IUCN, «nicht gefährdet» sind (LC = least concern). Es handelt sich um eine in Uganda, Südäthiopien, Südsomalia, Sambia und Südtansania lebende Unterart. Im Circus Knie wird dieser Wildequide seit jeher gehalten und in der Manege – zusammen mit anderen ausgebildeten Tierformen – vorgestellt, in Knies Kinderzoo auch nachhaltig gezüchtet.

Es kommt dann und wann vor, dass Tierinteressierte, die sich in Gedanken mit der Haltung von Zebras beschäftigen, von Fredy Knie jun. wissen wollen, wie es um die Charaktereigenschaften dieser nicht domestizierten Pferde bestellt ist. Angetan vom aparten Fellmuster, wonach Kenner die geografische Herkunft der Tiere zuordnen können, ist es nicht verwunderlich, wenn vornehmlich Pferdeleute auch Zebras zu halten wünschen. Dass sich aber die Verhaltensweisen der besagten Wildtiere von denen der Hauspferde – trotz ihrer Verwandtschaft – in mancherlei Hinsicht deutlich unterscheiden, ist den anfragenden Personen erstaunlicherweise kaum bekannt.

Gezähmt, aber nicht domestiziert: Böhm-Steppenzebras.

Zebrastuten unter sich. →

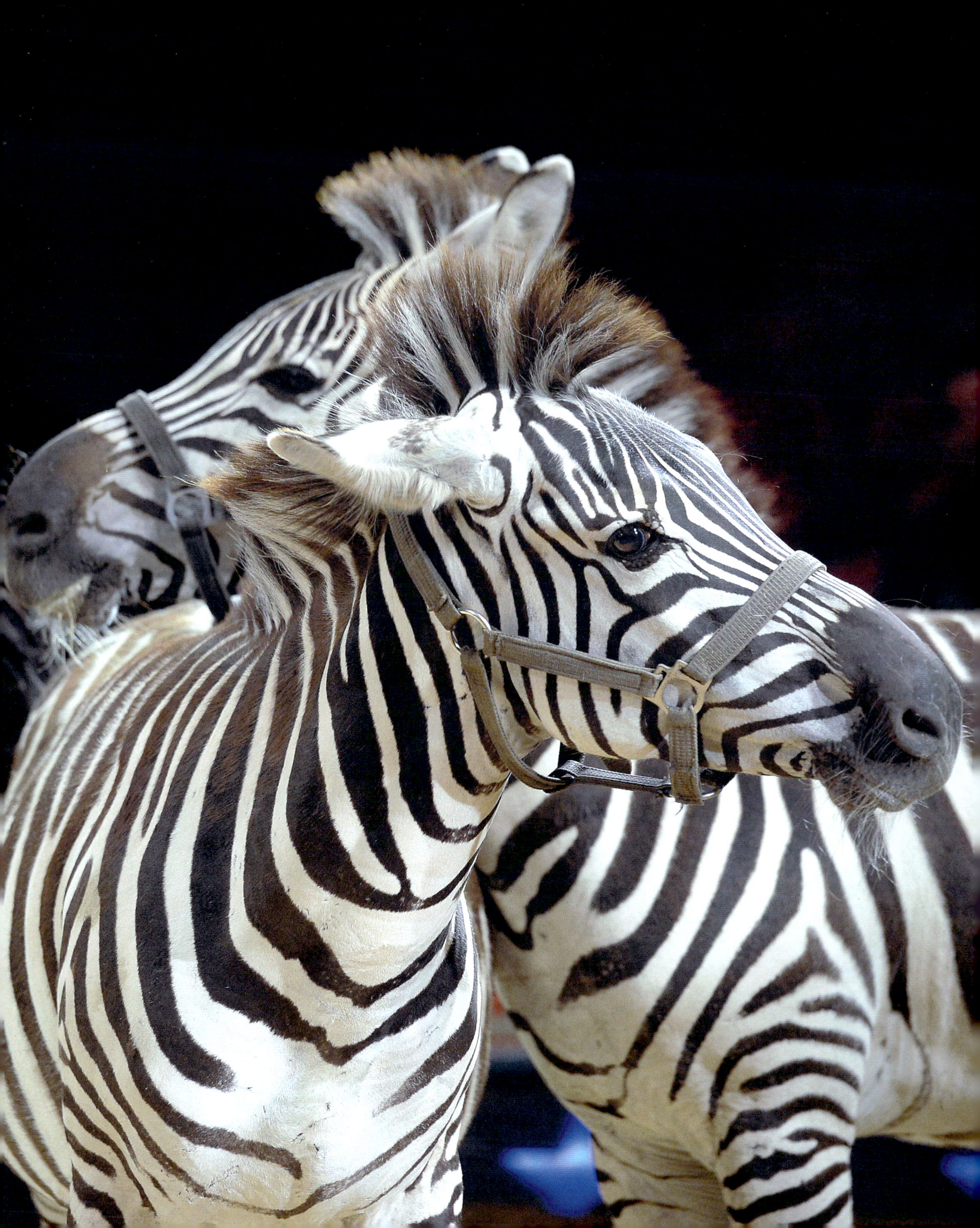

Zebrahaltung – eine besondere Herausforderung

Gerade Steppenzebras verfügen über einen stark ausgeprägten Herdentrieb. Dies muss unbedingt bedenken, wer eine private Zebrahaltung in Erwägung zieht. Denn Vertreter dieser sozial lebenden Zebraart fühlen sich nur in ihrer Verbandsstruktur richtig wohl; sie einzeln zu halten, ist alleine schon aus tierschutzrechtlichen Gründen nicht vertretbar. Der Umgang mit einem Zebra will gelernt sein. Als «hektisches», leicht erregbares Wildtier stellt es hohe Anforderungen an die Tierhaltung. Die hochgradige Eifersucht und der wesenseigene Futterneid bestimmen nicht selten das aggressive Verhalten unter den Herdenmitgliedern. Streitereien und Beissereien, oft Ursachen für schlimme Verletzungen, sind beinahe an der Tagesordnung. Das erleichtert ihre Zähmung keineswegs. Zudem: Zebras lassen sich Zeit, wenn es darum geht, mit Menschen eine Beziehung einzugehen. Wer sich getraut, wilde Einhufer auszubilden, sollte sehr viel Geduld aufbringen.

Das einmal Erlernte geht bei den genannten Pferdeartigen nicht wieder vergessen. Es käme Fredy Knie jun. allerdings nie in den Sinn, ein Zebra als Reit- oder Zugtier zu nutzen. Dafür ist diese Tierform grundsätzlich nicht geeignet.

Die heute lebenden Zebraarten und -unterarten

Steppenzebra, *Equus quagga*
- Böhm-Steppenzebra, *Equus quagga boehmi*
- Crawshay-Steppenzebra, *Equus quagga crawshayi*
- Chapman-Steppenzebra, *Equus quagga chapmani*
- Damara-Steppenzebra, *Equus quagga antiquorum*

Bergzebra, *Equus zebra*
- Kap-Bergzebra, *Equus zebra zebra*
- Hartmann-Bergzebra, *Equus zebra hartmannae*

Grévy-Zebra, *Equus grevyi*

Zebras «stellen besondere Ansprüche an die Haltung und Pflege». Das Bundesamt für Lebensmittelsicherheit und Veterinärwesen BLV hält deshalb in seiner Auslegung fest, dass alle wilden Einhufer zu den «bewilligungspflichtigen» Tierarten gehören.

Steppenzebras sind bedeutend reaktionsschneller als Hauspferde. Fällt bei der Probenarbeit einmal unbeabsichtigt ein Futterwürfel zu Boden, stürzen sich die Tiere gleichzeitig und gierig auf den Leckerbissen. Ein Pferd würde darauf nicht unbedingt reagieren.

Das Böhm-Steppenzebra ist «temperamentvoller» als, beispielsweise, das Chapman-Steppenzebra, weiss Fredy Knie jun. aus Erfahrung. Das Erstere mit den vollständig gestriften Beinen gefällt ihm wegen seiner weissen Grundfarbe und den auf der Unterseite bis zur Bauchmitte verlaufenden breiten schwarzen Streifen von allen Unterarten am besten.

Die in Familienverbänden lebenden Steppenzebras werden vom ranghöchsten Hengst angeführt. Auffällig ist, wie intensiv die Jungtiere bis zum Verlassen der Gruppe mit ihren Müttern verbunden bleiben.

Das «Abc», die Grundausbildung, welche alle Pferde im Circus Knie erfahren, durchlaufen auch die Zebras. Diese sind nach den Phasen des Lernens sicherer bei der Ausführung der einzelnen Lektionen als Pferde, versichert Fredy Knie jun.

Kein Nutztier im eigentlichen Sinn.

Der Schwanz als Stimmungsbarometer. →

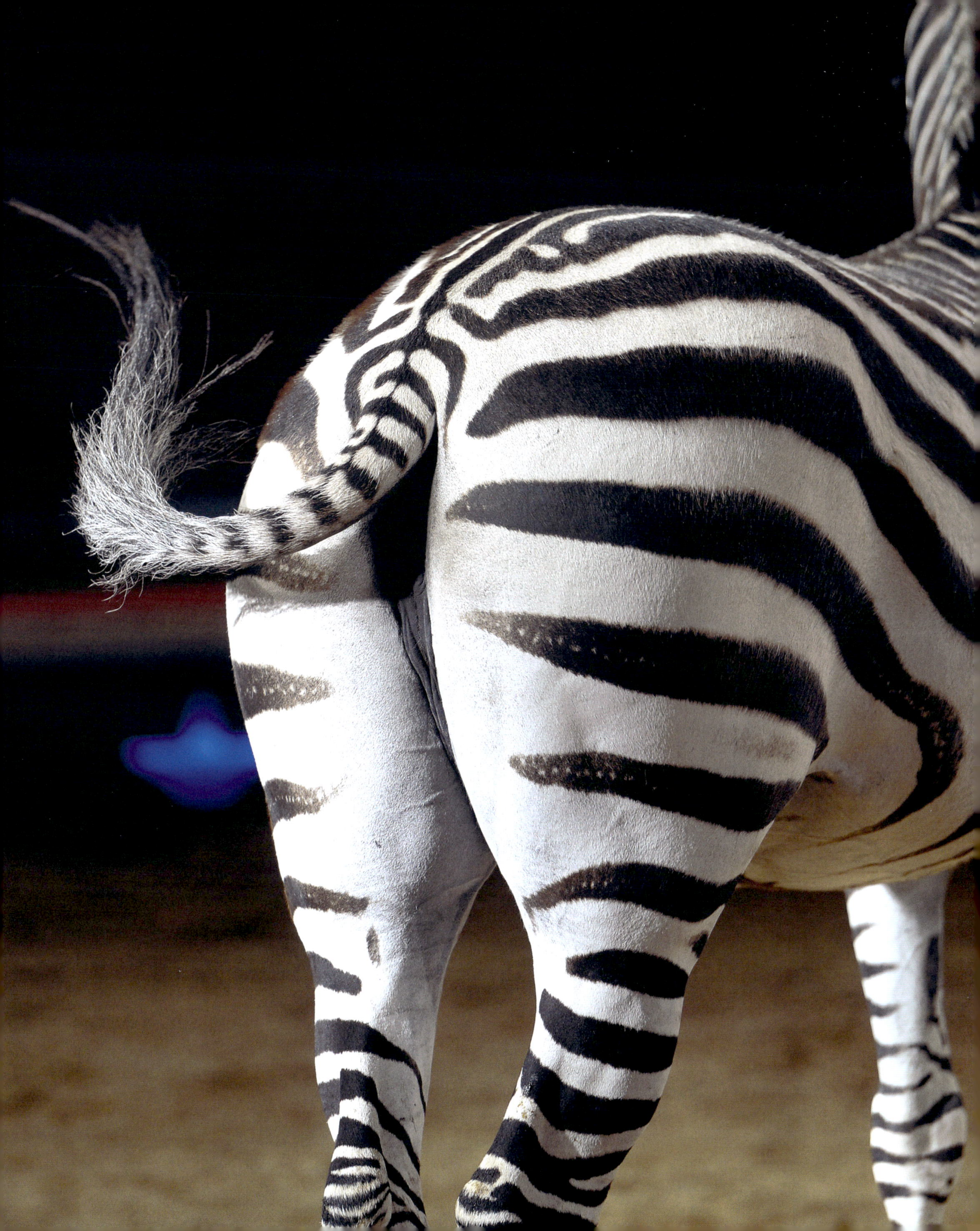

Das «Abc» – die Grundausbildung für Pferde im Circus Knie

«So denken, wie ein Pferd denkt.» Jeder Ausbildner, der sich diesen Grundsatz nicht zu Herzen nimmt, erschwert dem Tier das Lernen. Denn die entscheidende Frage lautet: Wie kann sich der Mensch ausdrücken, damit ihn das Pferd dahin gehend versteht, dass zwischen zwei ungleichen Temperamenten eine – tiergerechte – Verständigung möglich ist? Ein Tierlehrer sollte Zweifel an den eigenen Fähigkeiten und angewandten Methoden haben, wenn das in der Ausbildung befindliche Pferd nach mehreren Anläufen nicht begreift, was von ihm verlangt wird. Und er muss wissen: Jedes Pferd ist anders.

Anfangs ausholende, ja übertriebene Bewegungen mit Peitsche und Handstock, Ausdruck einer sehr klaren, deutlichen Körper- und Zeichensprache, und der Einsatz der Stimme, die auf akustische Art die gleichzeitig erfolgenden (auch taktilen) Signale hilfreich unterstützt, bewirken, dass die Pferde in den ersten Lernstadien achtsam reagieren. Später kann der Ausbildner mit den Tieren unauffälliger kommunizieren. Bis am Schluss nur noch die verbalen Kommandos nötig sind.

Deutsch und Französisch sind die in der Pferdeausbildung im Circus Knie verwendeten Sprachen. Dabei ist der Tonfall für die Wahl der Anwendung bestimmend. Ein lang gezogenes «hier» klingt, im Gegensatz zu «ici», beruhigend, während «en arrière», anders als «rückwärts», überhaupt nicht schroff tönt.

Eine für Pferd und Mensch gleichermassen intakte Beziehung zeichnet sich durch gegenseitigen Respekt aus. Der betont sanfte Umgang mit dem Tier ist ein Erfordernis, die Vermenschlichung des Wesens Pferd hat indessen zu unterbleiben.

«Jedes Pferd ist anders.»
Fredy Knie jun.

Pferde mögen es, mit der Peitschenschnur gestreichelt zu werden. →

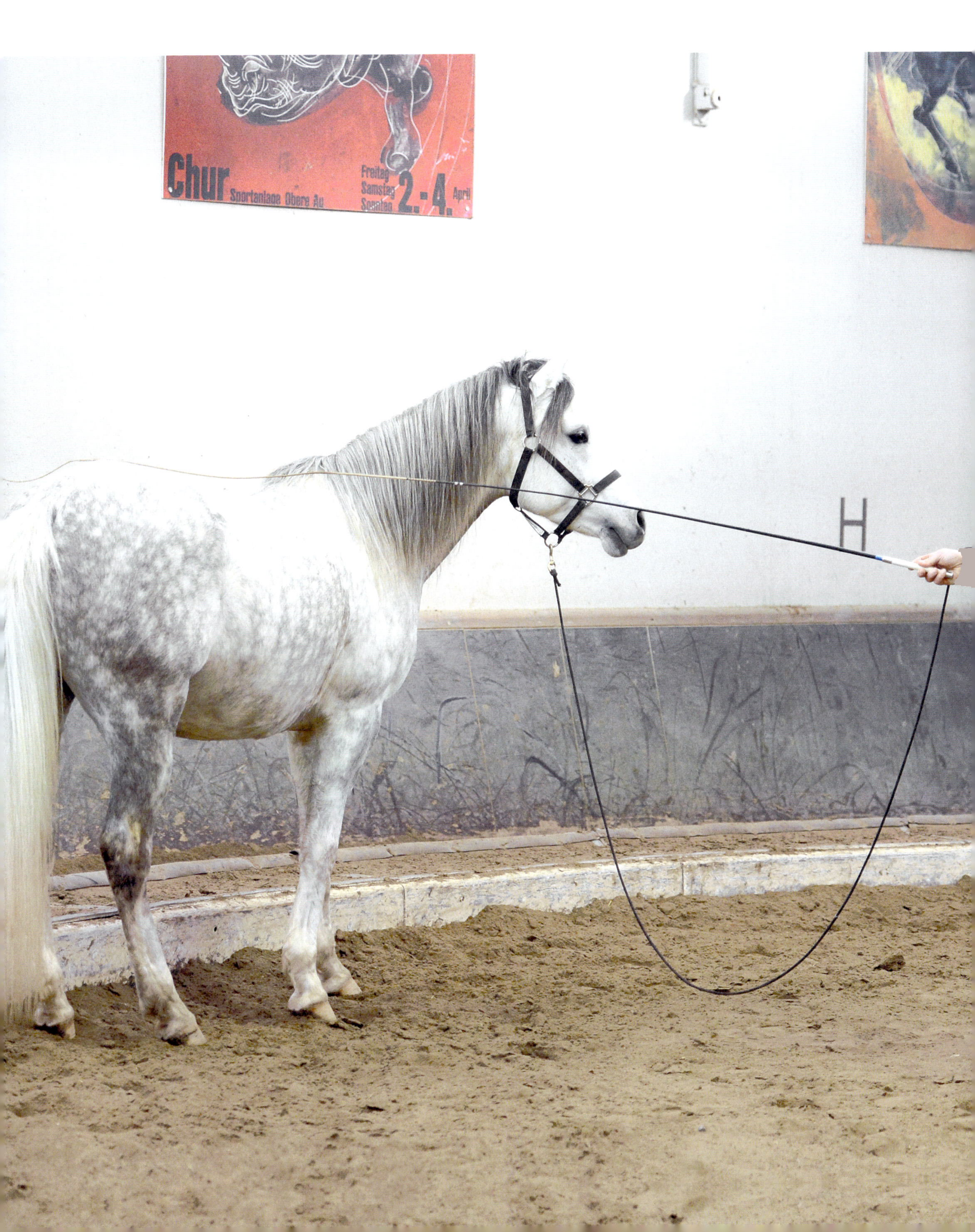
Chur
Sportanlage Obere Au
Freitag
Samstag
Sonntag
2.-4.
April
H

Longierarbeit

Longieren auf der rechten und auf der linken Hand heisst im Circus Knie: mit dem Pferd geistig arbeiten, anstatt das Tier nur monoton im Kreis laufen lassen.

–

Das Pferd anfangs nur am Stallhalfter longieren.

–

Die Verwendung von Geschirr (Gurt, Schweifriemen) und Trense erfolgt später.

–

Ausbinder vorerst am darübergestreiften Stallhalfter anbringen, damit auf dem empfindlichen Pferdemaul kein Zug entsteht.

–

Ausbinder für kurze Zeit, ohne Zug, an den Trensenringen anbringen und Stallhalfter wegnehmen.

–

Longe am Nasenband oder am Kappzaum anbringen.

–

Ausbinder von Mal zu Mal verkürzen, jedoch so, dass der Kopf nicht hinter der Senkrechten steht. Das Pferd muss dabei lernen, «sich selbst zu tragen».

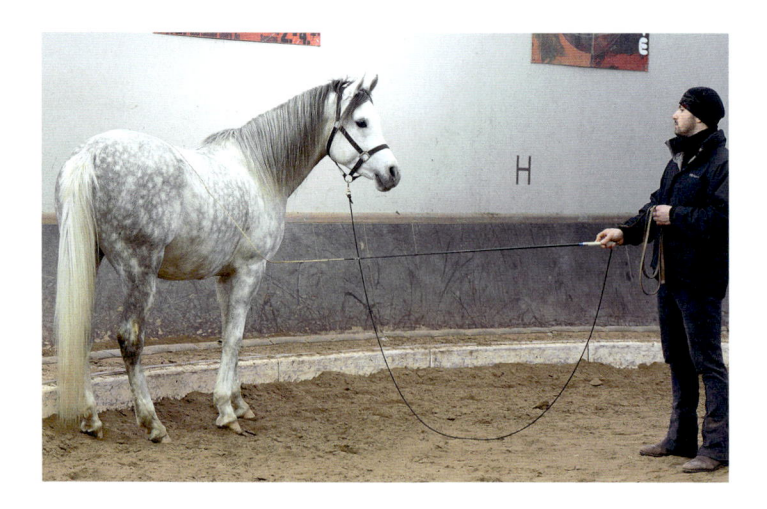

–

Longieren heisst im Circus Knie: mit dem Pferd geistig arbeiten.

Anhalten, rückwärtslaufen

Anhalten heisst: an der gewünschten Stelle korrekt dastehen. Das Pferd soll dabei ruhig und losgelöst sein; es wird zur Besänftigung mit der Peitschenschnur gestreichelt.
«En arrière» = Rückwärtsrichten.
Die in allen Stadien zu wiederholende Gehorsamsübung darf nicht hektisch, sondern muss überlegt ausgeführt werden.
Am Anfang zwei Longen anbringen, eine links, eine rechts. Nach und nach die Longen länger lassen, bis auf sie gänzlich verzichtet werden kann.

Dem Tierlehrer entgegenlaufen

Appell üben. Das Pferd bei seinem Namen rufen. Wenn das Tier darauf in die Mitte der Manege schreitet, erhält es eine Belohnung. Die Verwendung einer Longe erleichtert den Anfang.

Dem Tierlehrer hinterherlaufen

«Hier!» Vom Pferd wird erwartet, dass es bei diesem Kommando dem Tierlehrer in alle Richtungen folgt. Longe verwenden, dasselbe Zeichen, denselben Stimmlaut einsetzen. Das Pferd immer wieder belohnen.

Das «Abc» beinhaltet Lektionen, die jedes Pferd unabhängig von seinem Alter lernen kann.

Cavaletti-Arbeit

Das Überschreiten oder Überspringen der leichten, federnden Bambusstangen in allen drei Gangarten ist eine nicht wegzudenkende Übung, bei der Pferde lernen, in regelmässigem Takt ein Hindernis zu überwinden. Zudem sollen die Bewegungsfolgen zur Stärkung der Sehnen und zum Aufbau der Muskulatur beitragen. Durch die Beschaffenheit des Materials werden den Pferden keine Schmerzen zugeführt, wenn diese aus Unachtsamkeit die Stangen berühren.

« Pferde vergessen nicht,
was sie einmal gelernt haben.»

Fredy Knie jun.

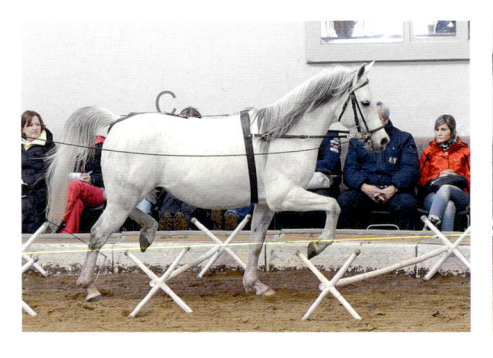

Unverzichtbar:
die Arbeit mit den Bambusstangen.

Mit aufmerksamem, nach vorne gerichtetem Blick das Hindernis überwinden. →

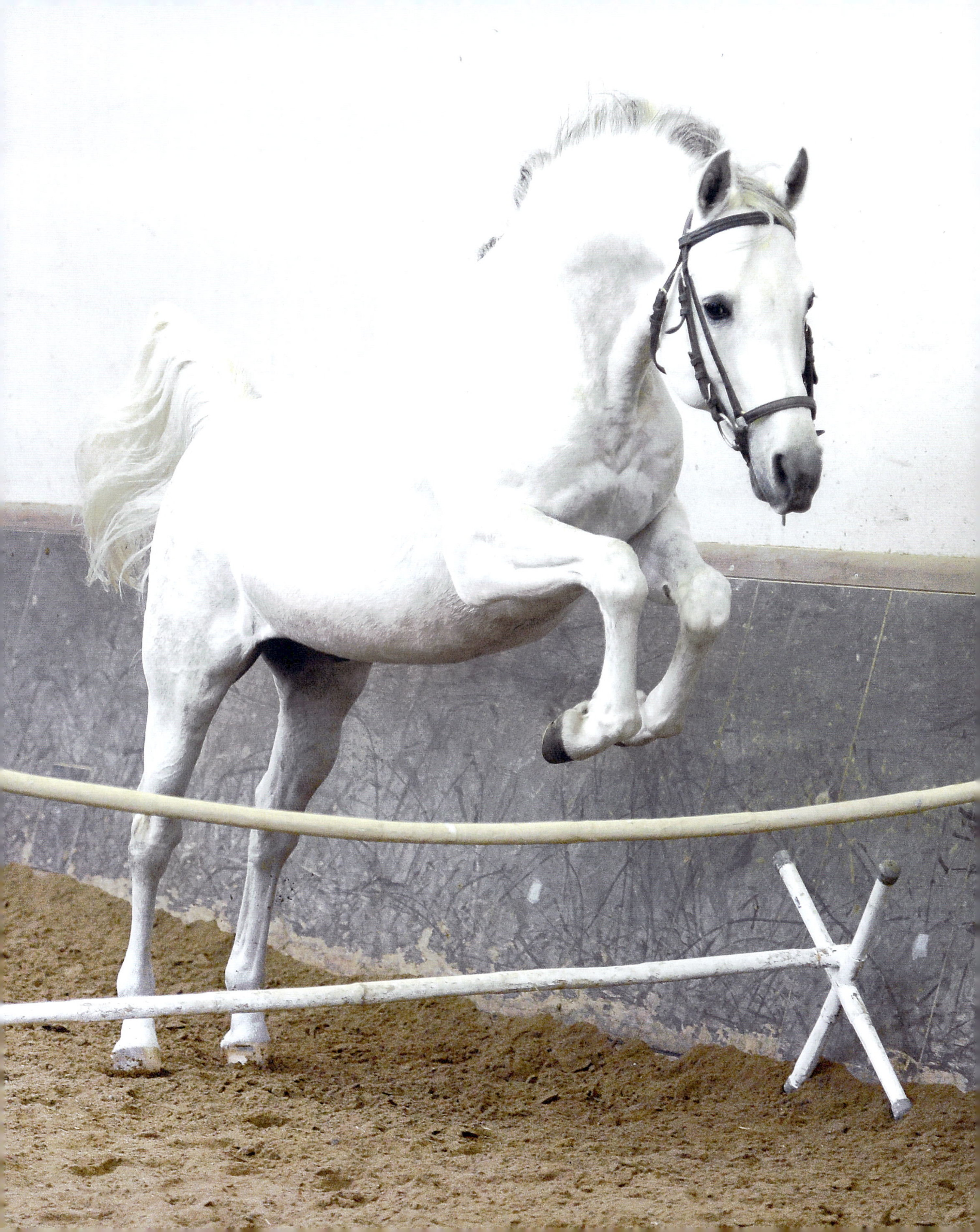

Ausbildung von fortgeschrittenen Pferden

Volte
Gegeneinanderlaufen
«Kopf über Hals»
Auf Postament stehen
Steigen
«Kompliment»
Liegen, sitzen
Hindernis überspringen
Pferd einreiten

Vollblutaraber,
Géraldine Katharina Knie zugewandt.

Volte

Biegungsübungen (um den Tierlehrer herum) in Kreisen von kleinerem oder grösserem Durchmesser, die der Gymnastizierung des Pferdes dienen. Ausgeführt von einem einzelnen Pferd oder in Zweier-, Dreier- und Sechser-Formationen (Gruppenarbeit).

Morgenarbeit in der Reithalle des Rapperswiler Winterquartiers.

Maycol Errani inmitten «seiner» Vollblutaraber in einer grossen Volte.

Gegeneinanderlaufen

Bei zwei Pferden, die gegeneinanderlaufen sollen, muss das der Piste entlanggehende Pferd zuerst an einer kurzen und das sich weiter innen bewegende Tier an einer längeren Longe geführt werden. Am Anfang den Pferden, unter Verwendung von immer länger werdenden Longen, die Wegrichtung zeigen. Eine deutliche Zeichengebung und das akustische Kommando wirken unterstützend.

Holländische Friesen proben das Gegeneinanderlaufen.

«Kopf über Hals»

Es ist ganz und gar nicht selbstverständlich, dass reife Hengste einen so engen und lang anhaltenden Körperkontakt zu anderen männlichen Artgenossen akzeptieren, wie bei dieser Gehorsamsübung verlangt wird. Das Laienpublikum erfreut sich an dem ästhetischen Anblick, Pferdeleute wissen um die Schwierigkeit der Einstudierung dieses Ausbildungselementes.

Die Schimmelhengste gehorchen Géraldine Katharina Knie aufs Wort.

Auf Postament stehen

Pferde, die gelernt haben, ein Postament zu besteigen, lassen sich in der Regel mühelos in einen Transportwagen führen. Das Tier mit Futter belohnen.

Ayache, Achal-Tekkiner, und Tycoon, American Minitiature Horse, in einer harmonischen Darbietung.

Steigen

Fusslonge an einer der beiden Vorderextremitäten anlegen und dabei mit der Gerte den anderen Vorderfuss sanft «antupfen».

Fredy Knie jun. mit steigendem Vollblutaraber in der Vorstellung.

Mystico, ein in der Schweiz gezogener Pinto-Araber, erweist sich als gelehriger Schüler.

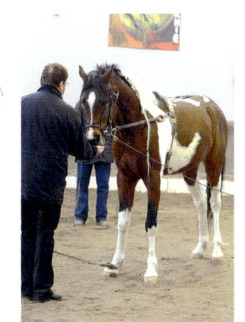

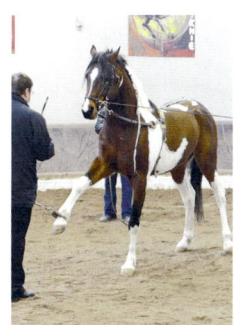

«Kompliment»

Longe über den Rücken ziehen, der Kopf wird mit hingehaltenem Futter tief gehalten. Der Lernprozess verläuft bei jedem Pferd anders.

Evento hat verstanden, was von ihm verlangt wird.

Zwei, die es bereits können.

Liegen, sitzen

Wenn das Pferd auf seinen Vorderextremitäten kniet – dem Trick ist das Erlernen der Übung «Kompliment» vorausgegangen –, Flanke touchieren, bis sich das Tier seitlich hinlegt. Verharrt das Pferd in der Sitzposition, wird das Aufstehen hinausgezögert.

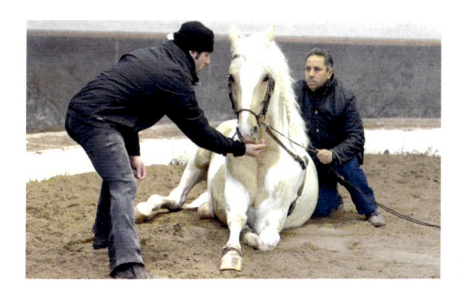

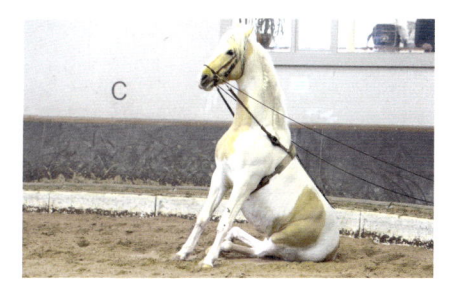

Das Vertrauen des Pferdes in seinen Lehrer und in dessen Assistenten kommt in den Bildern deutlich zum Ausdruck. Bravo, Spirit!

Hindernis überspringen

Ein Pferd darf nicht zum Überspringen von Hindernissen gezwungen werden. Es gibt aber Pferde, denen das Überwinden von Hürden Freude bereitet. Am Anfang sollte jedoch die Höhe der Barriere nicht mehr als einen Meter betragen. Pferde sind, je nach Fähigkeit, durchaus in der Lage, den Schwierigkeitsgrad zu taxieren. Das bedingt allerdings, dass das Pferd über genügend Selbstvertrauen verfügt.

Die beiden Zirkuspferde erfüllen die ihnen zugedachte Aufgabe brillant.

Nicht jedes Pferd springt wie Negro voll Vertrauen durch einen mit Papier bespannten Reifen. →

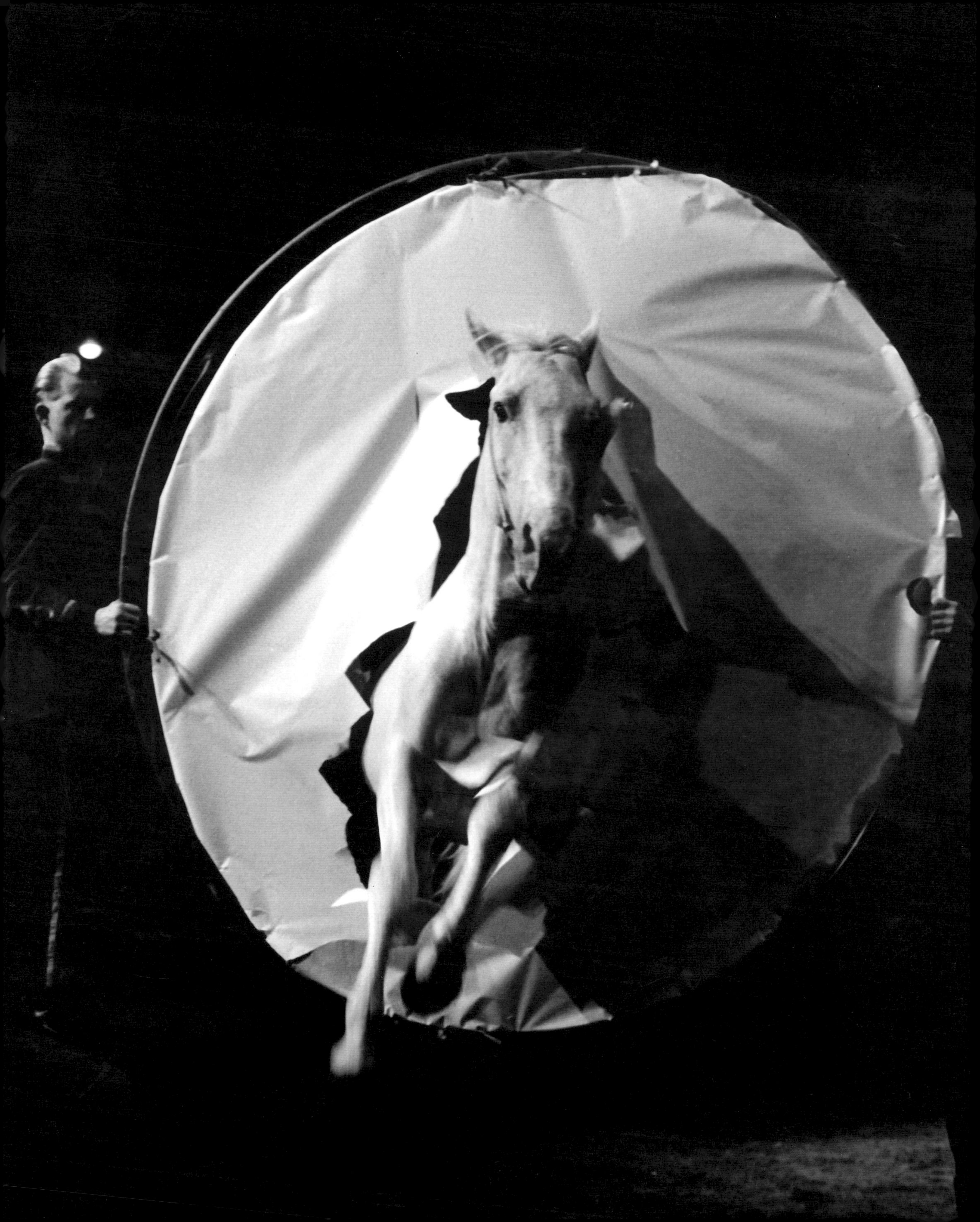

Das Steigen: Hengstverhalten und Zirkuslektion.

Pferd einreiten

Zwei Wege, die nicht zum selben Ziel führen:

Die Hauruck-Methode bedeutet: Sattel auf den Pferderücken schmeissen und Gurt anziehen. Fertig! Diese (in Spanien leider nur zu oft praktizierte) – verwerfliche! – Vorgehensweise bewirkt, dass das Pferd zu bocken anfängt, in Schweiss ausbricht. Dem Tier ist der Wille gebrochen worden; alleine das Betrachten des Sattels bereitet ihm tiefes Unbehagen, es verbindet mit dem Gegenstand auf ewig Unangenehmes.

Die tiergerechte Methode: Fredy Knie jun. ist – wie könnte es anders sein – ein Verfechter der humanen bzw. tiergerechten Methode. Das sanfte System ist der Weg der kleinen Schritte: Pferd zuerst langsam an den Sattel gewöhnen, dann an den Reiter. Das Tier soll anfangs bedachtsam herumgeführt werden, bis es losgelöst dem Menschen folgt, das Prozedere als angenehm empfindet. Nun ist auch das Pferd bereit, sich auf den Reiter einzustellen, mit ihm zusammenzuarbeiten.

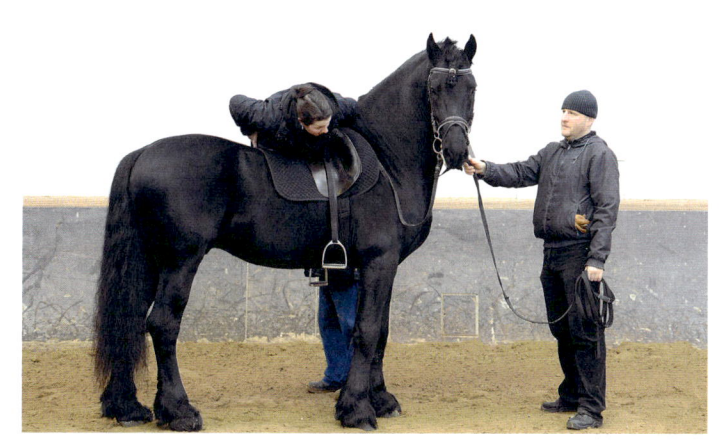

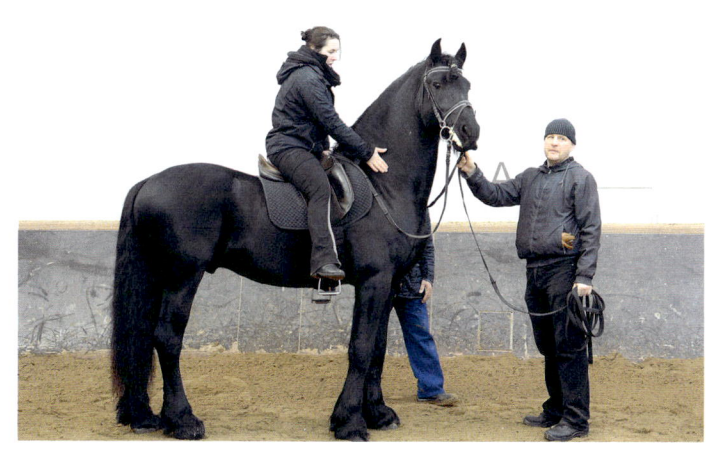

Aufmerksam, aber still dastehend lässt Hermès Rebecca Fratellini in den Sattel sitzen. Pferd und Reiterin trennen keine Missverständnisse.

Am langen Zügel

Piaffe
Passage
Spanischer Schritt
Levade
Courbette
Kapriole

Gelernt ist gelernt.
Fredy Knie jun. und der ungarische
Lipizzaner Favory demonstrieren
die Kapriole am langen Zügel.

Piaffe am langen Zügel

Verkürzter Trab auf der Stelle. Gehört zum Imponiergehabe des Pferdes. Unter- oder oberhalb des Sprunggelenkes und auf der Kruppe touchieren.

Zwei konzentriert arbeitende «Spanier»: Malageño während der Veranstaltung «Rund ums Pferd» und …

... Evento in der Vorstellung.

Passage am langen Zügel

Entwickelt sich aus der Piaffe, Pferd bewegt sich mit gestreckten Beinen vorwärts. Hengste erwecken damit Aufmerksamkeit (Imponiergehabe), Stuten zeigen so ihre Aufgeregtheit.

Eine taktreine Passage wirkt schön und locker zugleich.

Ins Zeitalter des Barocks versetzt: Evento. →

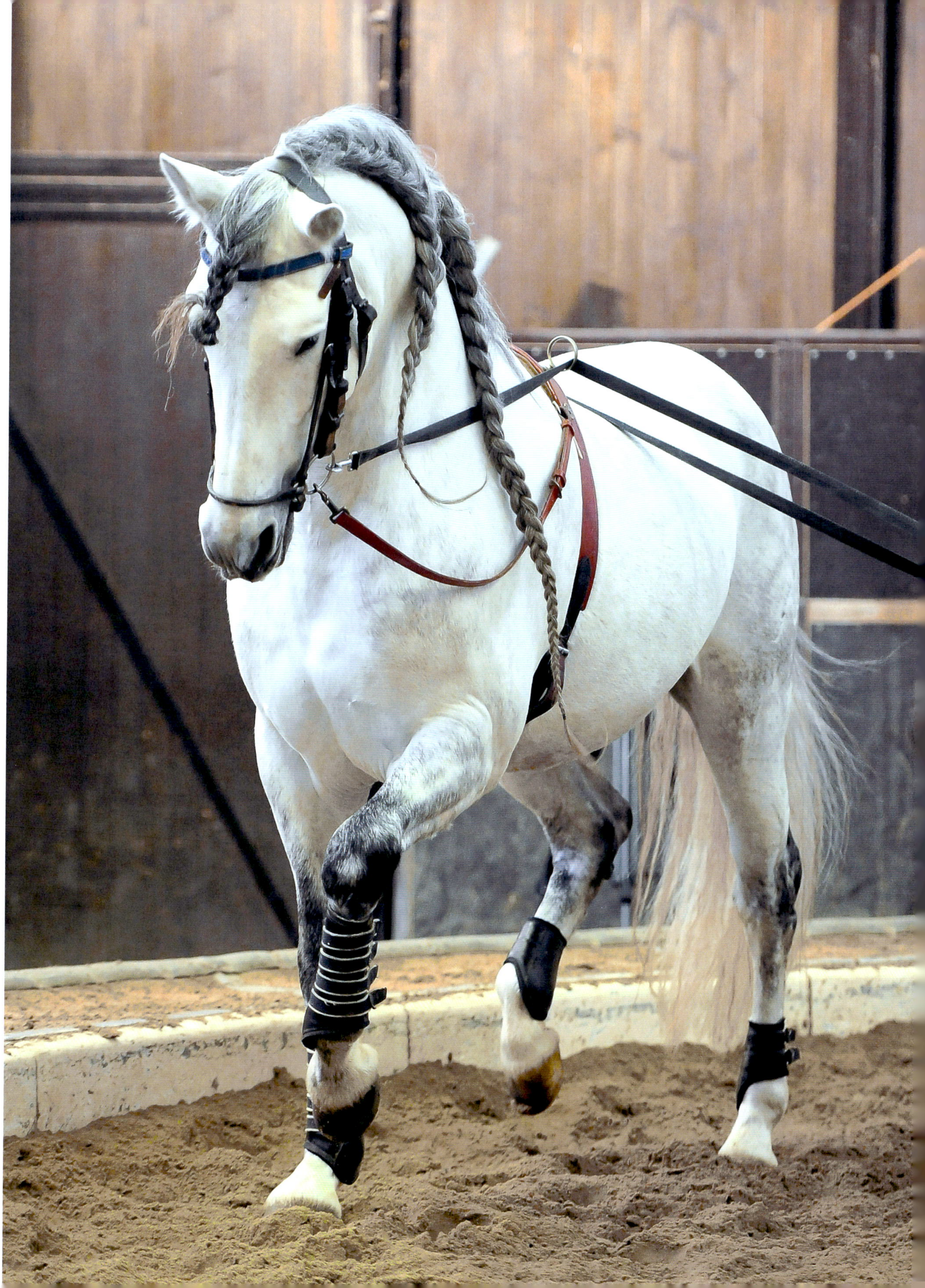

Spanischer Schritt (oder «Marsch») am langen Zügel

Vorwärtsbewegung (im Schritt), bei der das Pferd seine Beine in die Höhe hält.

«Die Bedürfnisse des Pferdes gilt es zu respektieren.»

Fredy Knie jun.

Oriente und Mary-José Knie.

Fredy Knie jun. und Escultor.

Fredy Knie jun. und Evento.

Levade am langen Zügel

«Gesetztes» Steigen, wobei die angewinkelten Vorderbeine des Pferdes in geringer Höhe über dem Boden verharren sollen.

Fredy Knie sen. und Liberal, Lusitano, in der Morgenarbeit.

Dieselbe Lektion unter der Reiterin. Géraldine Katharina Knie im Sattel von Maestoso, einem Lipizzanerhengst aus dem Gestüt Lipica, das im heutigen Slowenien liegt.

Courbette am langen Zügel

Dem Steigen folgen in fliessender Wiederholung (möglichst) vier «Hüpfer». Die Übung darf nicht angestrengt wirken; sie muss vom Pferd mit Leichtigkeit ausgeführt werden können.

Zwei Könner ihres Fachs: Fredy Knie sen. und Tersky-Araber Odradny.

Beim Üben der Courbette ist noch kein Meister vom Himmel gefallen. →

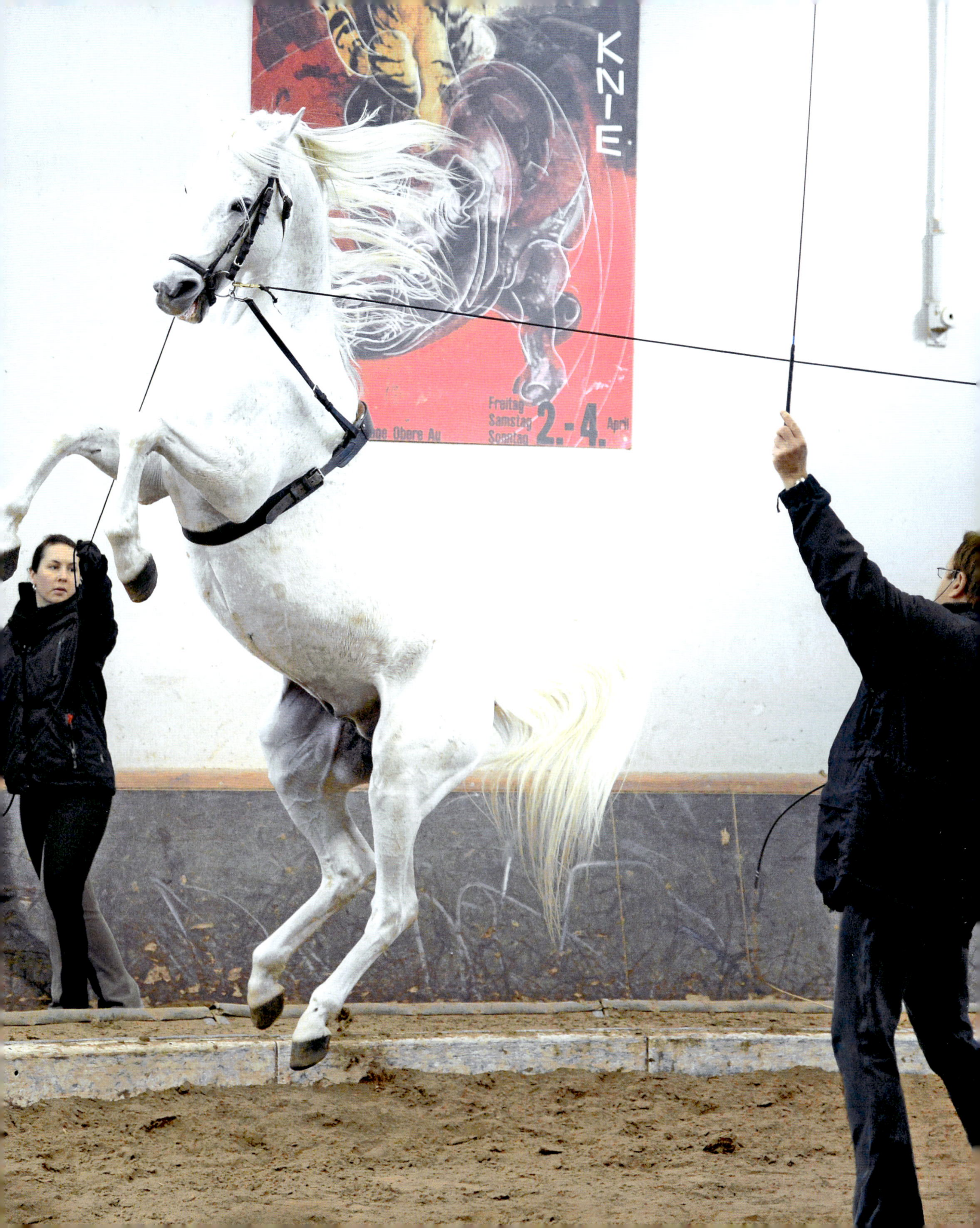
KNIE
Freitag
Samstag
Sonntag
2.-4.
April
Obere Au

Kapriole am langen Zügel

Aus dem Steigen heraus zu einem «Freudensprung» ansetzen. Dazu sind nicht nur Lipizzaner befähigt, auch Vollblutaraber und Iberer zeigen Talent für diese Lektion der «Schulen über der Erde», die nicht in Zwang ausarten darf. Es ist nicht zuletzt eine Sache des Temperamentes. Das Pferd an der Körperpartie touchieren, wo es am kitzligsten ist. Zum Erlernen der Kapriole müssen Pferde frisch und ausgeruht sein; das Training darf nicht nach einem zweistündigen Ausritt beginnen.

Talente erkennen, Talente fördern:
Fredy Knie jun. versteht sich darauf bestens.

Der Wille, dem Tierlehrer zu gefallen,
ist im Ausdruck des Hengstes unübersehbar.
→

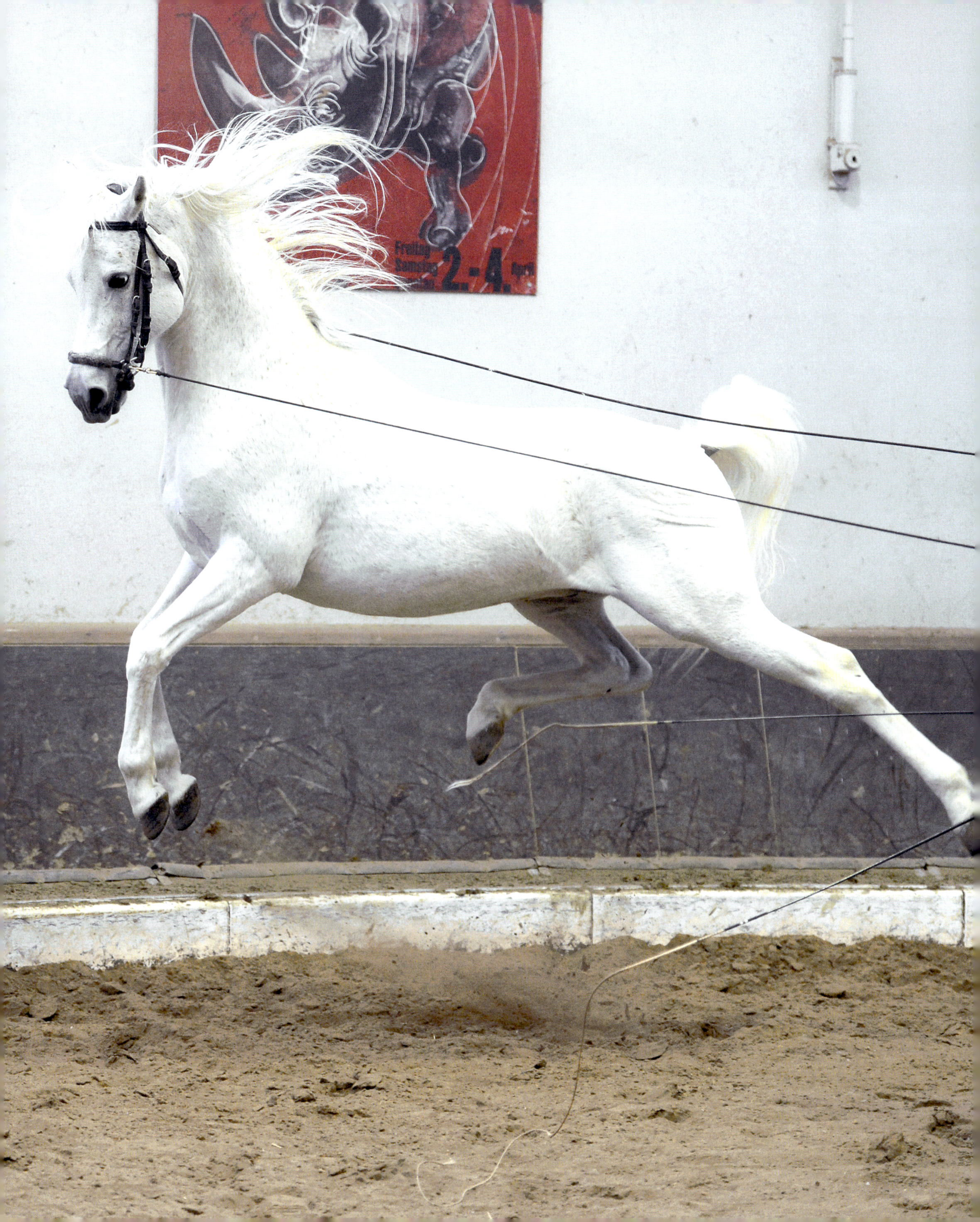
2.-4.

Hohe Schule

Schulterherein und Traversale
Fliegender Galoppwechsel
Pirouette
Piaffe
Passage
Spanischer Schritt
Gestreckte Passage oder «Spanischer Trab»
Kapriole
Steigen unter dem Reiter

Fredy Knie jun. im Sattel von Evento.

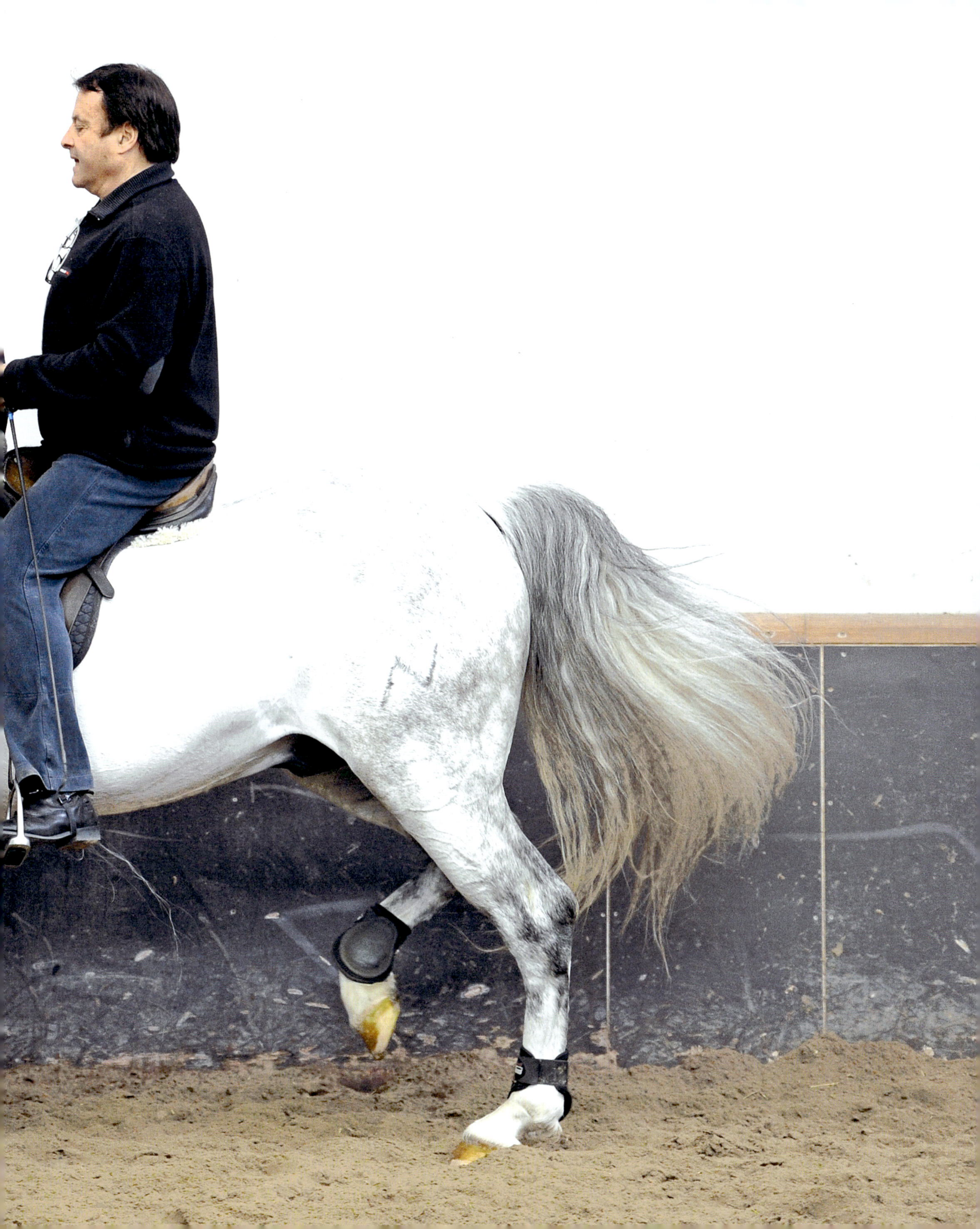

Hohe Schule – Schulterherein und Traversale

Schulterherein: Das Pferd ist nach innen gebogen.
Beim «Kruppeherein» ist das Pferd nach aussen gebogen.

Traversale: Fortbewegung erfolgt gleichzeitig vor- und seitwärts;
in den drei Grundgangarten Schritt, Trab, Galopp.

Schulterherein korrekt ausgeführt.

Reiten ist gegenseitiges Verstehen.
Traversale.

Hohe Schule – fliegender Galoppwechsel

Fliegender Wechsel von einer Beinseite auf die andere, links, rechts, links ...
Nach einem Galoppsprung, zwei, drei, vier oder fünf Galoppsprüngen.
Die Hinterhand des Pferdes muss mitspringen. Diese Lektion bedingt eine
exakte Hilfengebung durch den Reiter, der bestrebt sein sollte, das Pferd
zu unterstützen, damit es sich nicht verkrampft.

Fredy Knie jun. und Evento in Aarau.

Hohe Schule – Pirouette

Von der Volte ausgehend; Pferd galoppiert fortwährend mit den Vorder- und Hinterbeinen auf der Stelle.

Perfektion ist gefragt.

Hohe Schule – Piaffe

Trabartige Bewegung auf der Stelle.
Hochgradige Versammlung.
Reiter löst die Aktion mit den Schenkeln aus.

Die Piaffe, eine Spezialität der Barockpferde. Hermès und ...

... Evento.

Hohe Schule – Passage

Trab in Schwebephase, geringer Raumgewinn.
Aus der Piaffe heraus entwickelt.

Drei, die dasselbe Ziel haben.
(Die Einwirkung auf Malageño geht von Fredy Knie jun. und von Maycol Errani aus.)

Draussen im Gelände.
(Die Einwirkung geht alleine vom Reiter aus.)

Hohe Schule – Spanischer Schritt

Ausdruck eines imposanten – raumgreifenden – Schrittes, bei dem das Pferd seine Vorderbeine in eine waagrechte Stellung streckt.

Prädestiniert für den Spanischen Schritt: Hermès und ...

... Tentador.

Géraldine Katharina Knie und Niño.

Hohe Schule – gestreckte Passage oder «Spanischer Trab»

Raumgreifender Bewegungsablauf im Trab, grösstmögliche Schulterfreiheit.

Gestreckte Passage: Fredy Knie jun. und Parzi machen es vor.

Hohe Schule – Kapriole

Im Krieg bei Umzingelung als Befreiungssprung eingesetzt.
Das Pferd springt beinahe senkrecht hoch in die Luft und schlägt
mit der Hinterhand aus.

«Argentinische» Hohe Schule.
Fredy Knie jun., Siglavy Primavera, genannt Primo, und eine formvollendete Kapriole.

Hohe Schule – Steigen unter dem Reiter

Bevor ein berittenes Pferd das Steigen erlernen kann, muss es dahin gehend ausgebildet sein, dass es die Übung auch ohne Reiter ausführen kann. Eine kräftige Hinterhand und der Einsatz der gut entwickelten Rückenmuskulatur sind weitere unabdingbare Voraussetzungen. Das Pferd sollte überdies selbst in der Lage sein, die Balance zu finden. Der Reiter muss durch Zeichengebung zur Übung auffordern, er darf dabei das Pferd nicht stören und auch nicht an den Zügeln ziehen, da es sich ansonsten überschlagen könnte.

Zirkusreif! Vorführung im Damensattel: Mary-José Knie und Zitron, Tersky-Araber. Circus Roncalli, 1983.

So ist es richtig. Mary-José Knie und Parzi.
Der Hengst durfte nur von ihr und von Fredy Knie jun. geritten werden.

Synchron: Steigende Friesenhengste, geritten von Mary-José Knie und von Géraldine Katharina Knie. →

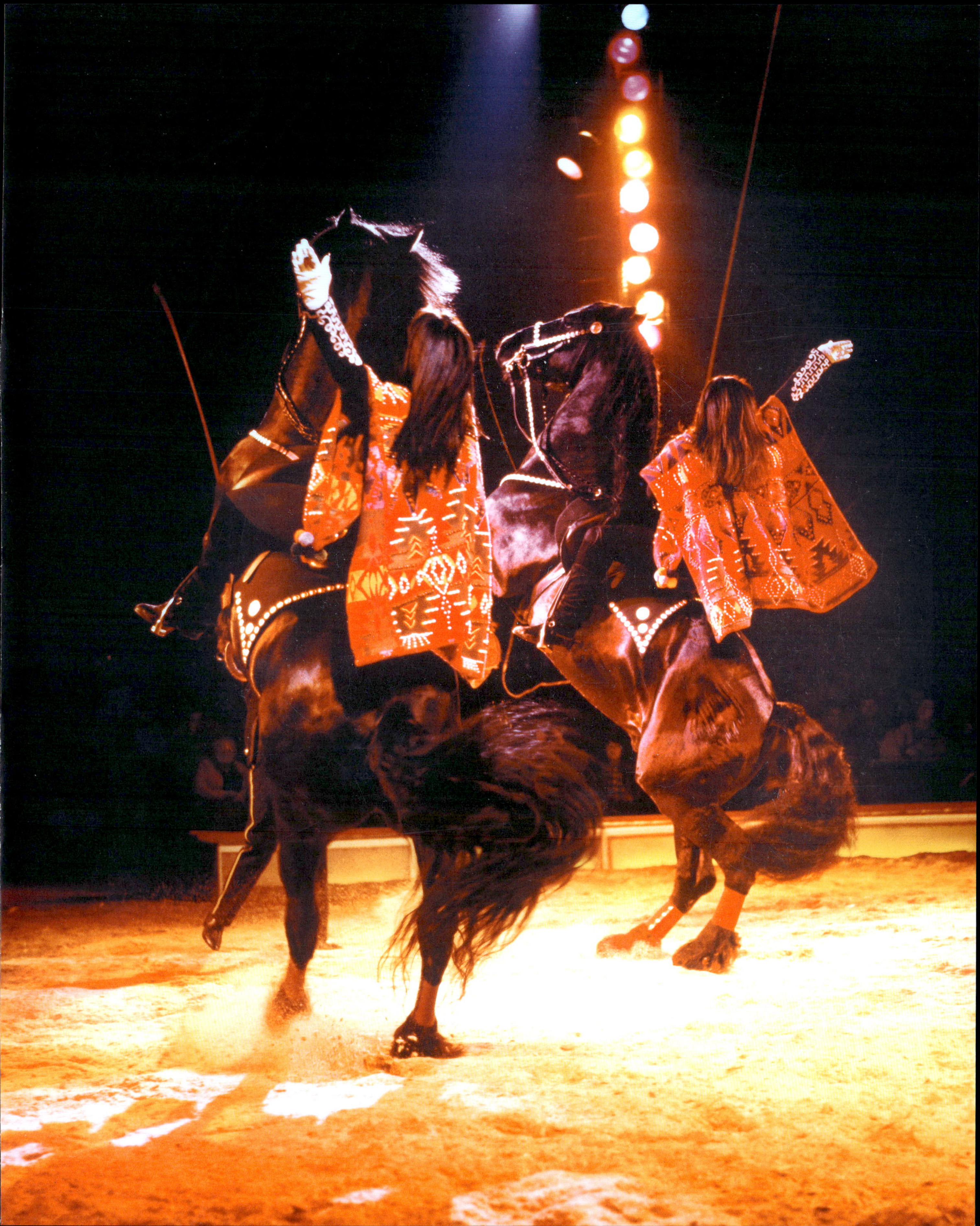

Hilfen – Hilfengebung

Reiten ist das Zusammenspiel von Körperteilen zweier unterschiedlicher Lebewesen. Deshalb sollen alle Hilfsmittel, die vom Reiter verwendet werden, Hilfsmittel sein – und keine Schmerzmittel. Die Hilfengebung – klar, bestimmt, zielgerichtet – muss für das Pferd eine unmissverständliche Funktion haben.

Ob kurze Reitgerte oder längere Touchiergerte, Bogenpeitsche oder Longierpeitsche (Chambriere): ihre Anwendung stellt den verlängerten Arm des Tierlehrers dar. Zum Schlagen dürfen sie nicht eingesetzt werden.

Die Sporen dienen zur Unterstützung des Schenkels, sie sollen ein Kitzeln auslösen. Scharfe Sporen, die dem Pferd Schmerzen oder gar Verletzungen zufügen, sind nicht akzeptabel.

Ein unkorrekt sitzender Zaum ist wie ein Schuh, der nicht passt. Erschreckend, wie viele Kehlriemen zu fest angezogen sind. Damit eine störungsfreie Kommunikation zwischen Pferd und Reiter gewährleistet werden kann, müssen Zaum und Gebiss auf das jeweilige Tier abgestimmt sein.

Schon Fredy Knies Vater war der Überzeugung: «Man reitet nicht mit Schlaufzügeln!» Der Kopf des Pferdes darf nach dem Verständnis von Fredy Knie jun. nicht aus reiner Bequemlichkeit «heruntergeschraubt» werden. Auch die Rollkur, durch die das Pferd in eine widernatürliche Haltung gezwungen wird, verurteilt er vehement. Sie ist seit 1. Januar 2014 in der Schweiz verboten.

Obgleich Fredy Knie jun. die Kandare in einfühlsamer Reiterhand nicht grundsätzlich ablehnt, kommt diese bei ihm nicht mehr zum Einsatz. Einer solchen Zäumungsart bedarf es nicht, mit einer Trense kann das gleiche Ergebnis erreicht werden. Der Verzicht auf das Stangengebiss erspart ihm viele Fragen.

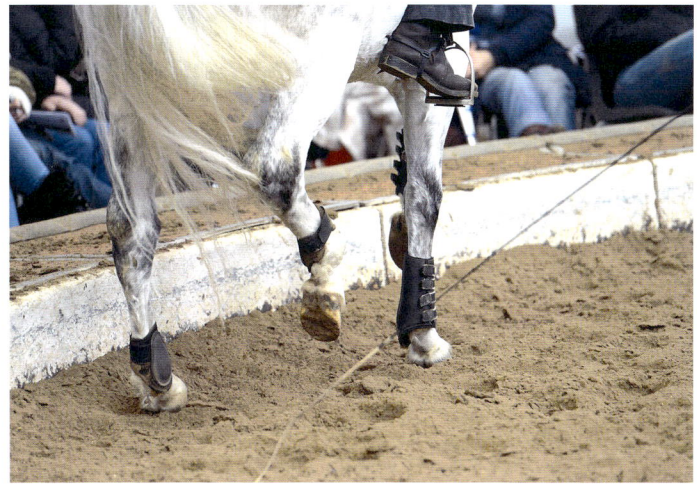

Ob kurze Reitgerte oder längere Touchiergerte, Bogenpeitsche oder Longierpeitsche (Chambriere): ihre Anwendung stellt den verlängerten Arm des Tierlehrers dar.

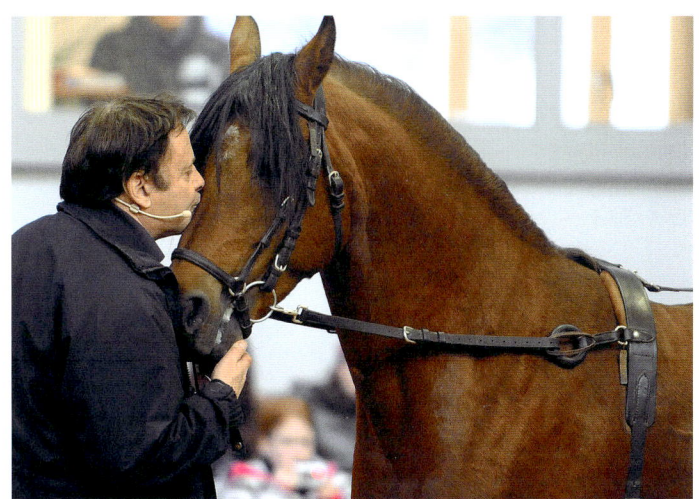

Futter und Stimme als Belohnung.

Kommunikation im Stall

Das den Pferden während der Tournee zur Verfügung stehende Stallzelt ist eine wohldurchdachte Konstruktion, die der Anforderungsspezifikation vollumfänglich entspricht. Nämlich: bestmögliches Klima – Transparenz und helles Licht –, Kontaktmöglichkeit rund um die Uhr. Die Unterkunft darf als optimal bezeichnet werden, zumal die Boxen den Hengsten freie Wahl lassen, ob und wann sie sich lieber drinnen oder draussen aufhalten. Somit können die Tiere jederzeit untereinander kommunizieren. Denn, nicht zu vergessen, auch männliche Pferde sind soziale Lebewesen, deren Bedürfnisse des Zusammenlebens nicht durch eine mangelhafte Stalleinrichtung beeinträchtigt oder gar im Keim erstickt werden dürfen.

Der stationäre Winterstall in Rapperswil unterscheidet sich in qualitativer Hinsicht nicht von der praktizierten und erprobten Haltungsform, wenn der Circus Knie auf Tournee ist. Komfortable, geräumige Innenboxen ermöglichen den einzelnen Pferden ein Höchstmass an sozialen Kontakten. Will heissen: sie gewähren so viel Körpernähe, wie erwachsene Hengste gegenüber gleichgeschlechtlichen Artgenossen normalerweise dulden. Darüber hinaus trägt der direkt angrenzende Auslauf ins Freie zum allgemeinen Wohlbefinden der Tiere bei. Zur weiteren Ausstattung des Winterquartiers gehören ein Solarium zum Trocknen des gewaschenen Fells und zur Aufwärmung der Muskeln, vier Paddocks, deren Bodensubstrat aus einem Sandgemisch besteht, und für die wärmere Jahreszeit nutzbare Grünflächen.

Temperaturunterschiede können Pferden wenig anhaben; sie sind diesen gegenüber ausserordentlich resistent. Überhaupt zeichnen sich Pferde bezüglich Witterungseinflüssen durch eine hohe Anpassungsfähigkeit aus. Dagegen sind zu niedrige, dürftig ausgestattete Ställe mit einem belastenden Ammoniakgehalt der Luft, unzureichenden oder gar fehlenden Lichtquellen und ungenügender Luftzufuhr zumeist Ursache dafür, dass die Tiere an ihren Atmungsorganen erkranken.

Im Interesse der Pferde müsste in allen Stallgebäuden der Jahreszeitenwechsel so simuliert werden können, dass sich die Innentemperatur derjenigen im Freien angleichen würde, dies jeweils der Situation entsprechend. Genauso müsste der Lichteinfall, der je nach Saison anders verläuft, für die Tiere wahrnehmbar sein. Haltungssysteme, in denen Pferde ihre natürlichen Verhaltensweisen nicht ausleben können, sollten nicht akzeptiert werden.

Hengste, keine Stuten

Frei lebende Pferdeartige sind in Gruppen vereinigt; allein die Daseinsform im Herdenverband ermöglicht ihnen das Überleben. Junghengste, welche die Geschlechtsreife erlangt haben, werden vom ranghöchsten männlichen Tier vehement aus der Gruppe vertrieben. Dies ist eine Frage der Gene und dient letztlich der Arterhaltung. In sogenannten Junggesellengruppen (Bachelor Groups) zusammengeschlossen, warten die «Vertriebenen» auf eine Chance, ihr Erbgut – wenn möglich – in einem anderen Herdenverband weitergeben zu können. Dass die Reproduktion nur einzelnen, dafür besonders durchsetzungsfähigen Hengsten vorbehalten bleibt, ist eine Einrichtung der Natur – ein Selektionsvorgang –, ohne die das Pferd in der Wildbahn längst ausgestorben wäre. Die Sozialstruktur der Junggesellengruppe wird im Circus Knie gleichsam hinausgezögert, will heissen: Eine reine Hengsthaltung – ohne Stuten – kann durchaus pferdegerecht sein; sie ist nicht unnatürlich.

Sandpaddock im Rapperswiler Winterquartier.

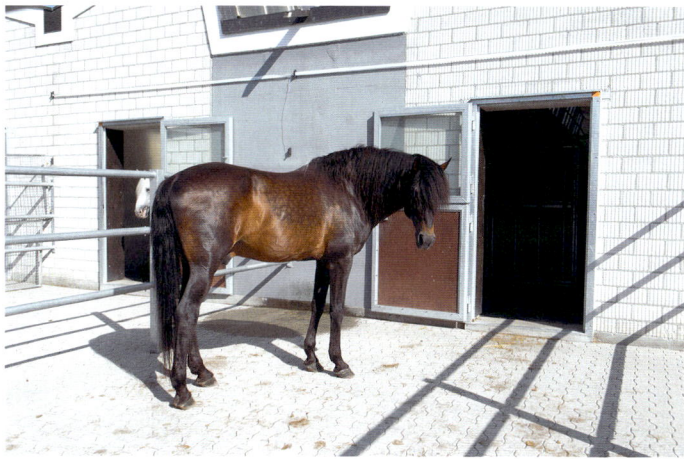

An die Stallboxe grenzender Auslauf.

Hengste wollen wissen, wer ihr Stallnachbar ist.

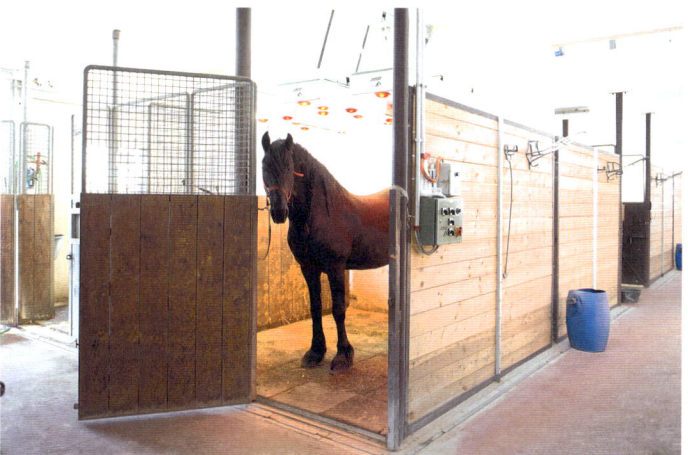

Solarium zum Trocknen des gewaschenen Fells und zur Aufwärmung der Muskeln.

Auch im Tourneestall ist Kommunikation möglich.

Die Pferde im Stall haben die Wahl zwischen Innen und Aussen, auch auf Tournee.

Ernährung:
Zur Abwechslung Karotten

Richtige Ernährung – das heisst tiergerechte Nahrung und Verabreichung – ist ein elementarer Teil guter Pferdehaltung. Tierpfleger des Circus Knie wissen, was Pferde brauchen, was sie gerne haben und vor allem, wann und wie sie zu füttern sind.

Als grosses Tier mit einem kleinen Magen muss das Pferd aus verdauungsphysiologischen Gründen mehrere Male am Tag gefüttert werden, vorrangig mit Raufutter von hoher Qualität. Fehlentscheidungen hinsichtlich der Ernährungsweise können Gesundheit und Wohlbefinden, aber auch Leistungsfähigkeit und Langlebigkeit des Pferdes erheblich beeinträchtigen, mannigfache Komplikationen im Verdauungstrakt verursachen. Wenn Pferden für die Nahrungsaufnahme zu wenig Zeit bleibt oder der Anteil von Raufutter zu gering ist, kauen sie nicht mehr ausreichend, weil das Bedürfnis danach unterbunden wird. Dadurch treten – gleichsam als Ersatzbefriedigung – Leerlaufhandlungen, sogenannte Verhaltensanomalien, auf. Zudem können Zahnprobleme, welche zu einer Behinderung der Nahrungsaufnahme führen, entstehen, denen mit einer jährlichen Kontrolle vorgebeugt werden kann.

Staubfreies Heu und frisch geschnittenes Gras (im Sommer) sollten, ergänzt durch eine individuelle, heisst: bedürfnisgerechte Ration Hafer, über den ganzen Tag verteilt angeboten werden. Karotten (einmal wöchentlich vorgesetzt) werden gerne angenommen. Stroh als Einstreu und hygienisch einwandfreies Wasser müssen permanent vorhanden sein. Mineralstoffe (Spurenelemente) nach Bedarf.

Frei lebende Wildpferde, die nicht von Menschen versorgt werden, sind nahezu sechzehn Stunden am Tag in langsamer, aber steter Bewegung mit der Futtersuche beschäftigt. Damit diese in ihren oftmals kargen, vegetationsarmen Habitaten überleben können, sind sie zu einer ständigen Dislokation gezwungen. Im Vergleich zu den nicht betreuten Tieren, die normalerweise ihre Nahrung an weit auseinanderliegenden Futterstellen vorfinden, weicht die Verabreichung des Futters bei den Hauspferden von den zuweilen feindseligen Gegebenheiten in den natürlichen Lebensräumen stark ab. Aus ethologischer Sicht ist darauf zu achten, dass futterneidische Pferde nicht «Kopf an Kopf», sondern – aufgrund der bestehenden sozialen Rangordnung – einzeln gefüttert werden. Denn: aggressives Verhalten von dominanten Pferden darf nicht zur Folge haben, dass bei der Fütterung auf begrenzter Fläche rangniedere Tiere im Nachteil sind.

Wie viel Kraftfutter und welche von der Industrie vertriebenen Zusatzmittel und -stoffe ein Pferd erhalten soll bzw. für das Tier bekömmlich sind, hängt im Wesentlichen von der verlangten Leistung ab. Turnierpferde im Zenit ihres sportlichen Erfolges, Fohlen aufziehende Mutterstuten und ältere, nicht mehr im Einsatz stehende Tiere haben in dieser Hinsicht unterschiedliche Bedürfnisse.

Die Grundnahrung (Ergänzungsfutter) für unsere Pferde sind, der Kontinuität wegen, hochwertige Hypona-Produkte, die nach ihrer jeweiligen Zusammensetzung Hafer, Gerste und Mais enthalten, sowie Ergänzungswürfel mit Vitaminen, Mineralstoffen und Spurenelementen (Hypona Optimal 788); ausserdem verfüttern wir den Heuersatz Hypona Komplett 893, ein Futterbrikett aus gepresstem Heu, das ebenfalls mit Vitamin- und Mineralstoffkomponenten angereichert ist.

Die erste Fütterung beginnt in der Frühe, bei Tagesanbruch, die zweite erfolgt zwischen 11 und 13 Uhr, die dritte Ration erhalten die Tiere am Nachmittag (16 Uhr), und um 22 Uhr wird ihnen zum letzten Mal Futter verabreicht. Sie alle nehmen die täglich zugeteilte Menge an Nahrung ungestört und in Ruhe – artgemäss – vom Boden auf.

Äpfel, Karotten.

Gras.

Stroh (Raufutter).

Pellets.

Kraftfutter.

Briketts
(gepresstes Heu, angereichert mit Vitamin- und Mineralstoffkomponenten).

Ausritt in Luzern.
Fredy Knie jun. auf Hermès,
Ivan Frédéric Knie auf Malageño,
Maycol Errani auf Evento,
Rebecca Fratellini auf Pizarro.

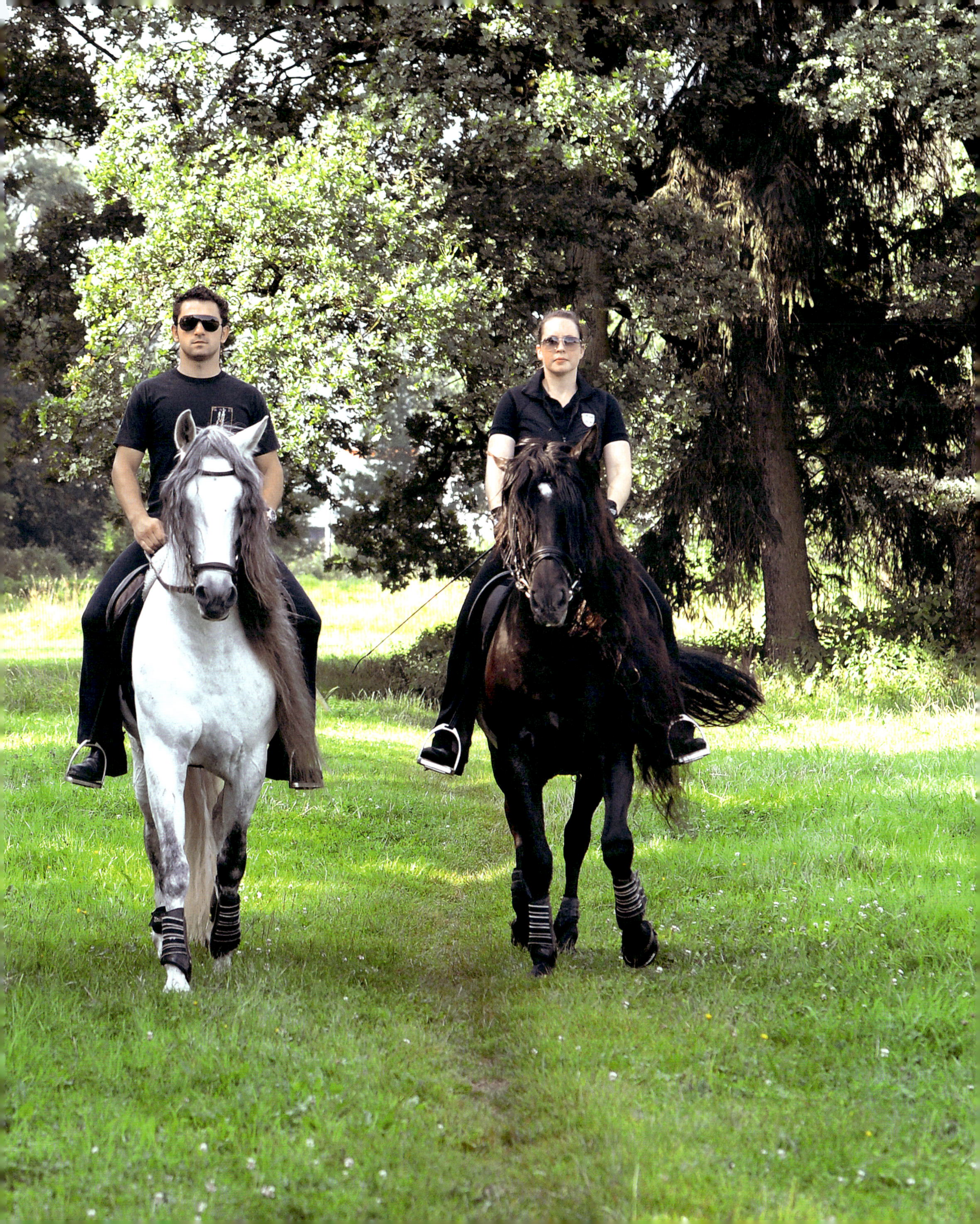

Ein Tag im Leben eines Zirkuspferdes

6:00 →   7:00 →   11:00 →

Waschen, putzen.    Morgenarbeit.    «Zöpfeln» hält die Mähne schön.

Mitte Juli: Ein Sommertag, der wie gerufen kommt. Früh am Morgen hat die Sonne den Aarauer Schachen wie auf Bestellung in ein berückendes Licht gehüllt, exakt nach Wunsch der Fotografin. Noch ist es still im Zirkus um diese Zeit. Es ist kurz nach sechs. Artisten und Angestellte erholen sich von der vorabendlichen Vorstellung, nicht wenige Tiere sind am Dösen. Nur Malageño ist hellwach. Sein marokkanischer Pfleger Abdelaziz Zouzou bereitet ihn, den Schimmel aus Jerez de la Frontera, für das anberaumte Fotoshooting vor. Die schneeweisse Mähne wird, so wie es sich gehört, schön hergemacht. Augen- und Maulpartie werden mit einem feuchten Schwamm frisch gereinigt, sodass nichts Übriggebliebenes das Antlitz stören könnte.

Majestätisch steht der vornehme Spanier wie aus dem Ei gepellt eine halbe Stunde später gemeinsam mit Fredy Knie jun. pünktlich vor der Kamera. Malageño, hochtalentiert und lammfromm, ein Schulpferd ohne jegliche Allüren, ist von seinem Besitzer und Ausbildner für die Titelgestaltung auf der Umschlagseite des Buches auserkoren worden.

Nach einer kleinen Verschnaufpause setzt sich das Tagesprogramm für den Hengst fort. Die Lektionen am langen Zügel, die das Pferd in Vollendung beherrscht, werden in der **Morgenarbeit** repetiert – und immer wieder perfektioniert. Fredy Knie jun. weiss, dass Malageño zu Höchstleistungen fähig ist. Er befindet sich überhaupt in Höchstform. Und am 13. Februar 2014 hat er gerade seinen zehnten Geburtstag feiern können.

13:00 →   14:00 →

Ausreiten. Maycol Errani.   Ivan Frédéric Knie.   Weidegang.

Den Diszipliniertheit erfordernden, aber nicht lange dauernden Konzentrationsübungen folgt ein **entspannender Ausritt** im Gelände, der, weit ausholend, die Gelegenheit zu elanvollen Galoppaden in unterschiedlicher Geschwindigkeit und Versammlung bietet.

Die kalte Dusche danach ist, bei der inzwischen aufgekommenen Wärme, besonders wohltuend, die offerierte **Futterration** mehr als verdient.

Gebührende Ruhe vor dem Auftritt
Der Nachmittag ist frei. Malageño verbringt die Mussestunden grasend in einem grossflächigen Auslauf und in enger Nachbarschaft zu den anderen Pferden, oder er ruht sich in seiner Boxe aus. →

18:30 →

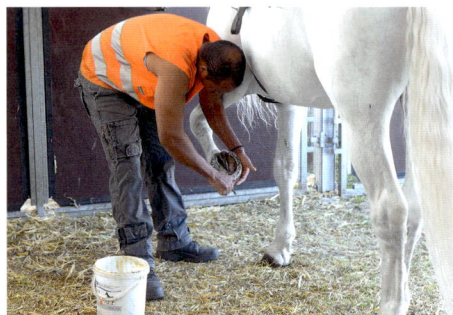

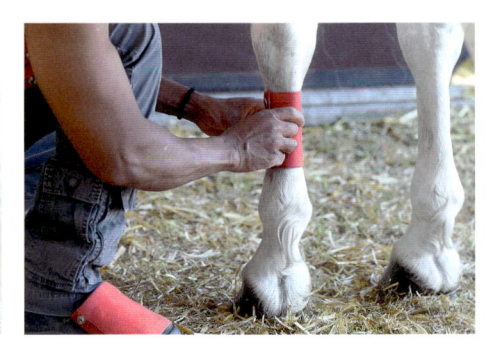

Mähnenpflege.

Hufpflege.

Gamaschen anlegen.

Abends um halb sieben wird der auch innerlich ausgeglichene Hengst, ein Inbild der Rasse Pura Raza Española und – vielleicht? – auch so etwas wie eine Lichtgestalt, von Abdelaziz Zouzou **erneut gestriegelt und gebürstet, gezäumt und gesattelt.** Bald wird sein Auftritt beginnen.

20:30 →   22:00 →

Sattel auflegen.   Kurz vor dem Auftritt.   Auf dem Weg zum Pferdetransporter.

Im «Grand Tableau équestre», dem Auftakt der Vorstellung, beweisen Pferd und Reiter ihre Verbundenheit eindrücklich.

Zum Abschluss des abwechslungsreichen Tages steigt Malageño gelassen in den abfahrtsbereiten Transportwagen. Der Circus Knie reist in der Nacht weiter nach Windisch-Brugg.

Freiraum – jederzeit

Wenn Pferde in der Obhut von Menschen «einen Beruf haben», wie das der Tiermediziner und Hippologe Professor Dr. Ewald Isenbügel anschaulich ausgedrückt hat, sollten sich diese Tiere auch von ihrer mehr oder weniger strengen Arbeit erholen dürfen. Dies nach der festen Überzeugung: **«Lass das Pferd Pferd bleiben.»** Wer sich als Reiterin oder Pferdehalter – genau beobachtend – das Vergnügen leistet, frei lebenden Wildpferden zuzuschauen, begreift schnell, was Pferdeartige wirklich mögen. Und dies gilt für Wildpferde gleichermassen wie für wild lebende, sogenannt verwilderte Hauspferde: Sie sind soziale Wesen und mögen es, Gruppen zu bilden. In hierarchisch strukturierten Sozial- oder Familienverbänden finden sie ideale Bedingungen, um ihre reichhaltige Körper- und Gebärdensprache anwenden zu können. Und sie mögen es, Freundschaft zu schliessen mit einem Partner oder, noch lieber, sich gleich mehrere Kumpane zu suchen.

Pferde sind aufmerksame Tiere; sie nehmen mit wachen Sinnen alles wahr, was sich in ihrem Umfeld ereignet. Zudem haben sie ein ausgezeichnetes Erinnerungsvermögen. Ein einzeln gehaltenes Pferd verlernt mit der Zeit, auf die Ausdrücke seiner Artgenossen verhaltensgerecht zu reagieren. Für die Wildformen gilt, dass sie Teil einer ökologischen Lebensgemeinschaft sind.

Alle, die sich mit der Psyche des Pferdes ernsthaft auseinandersetzen, müssten wissen, dass bei der Ausbildung von Pferden die Zeit ein entscheidender Faktor ist. Richtig: Lass dem Pferd viel Zeit und gönne ihm auch genügend Freizeit!

Monotonie ist Gift für Pferde. Werden Tiere von jeglichen Aussenreizen abgeschirmt oder nicht ihren Anlagen entsprechend gefordert, sind sie permanent gelangweilt und unzufrieden. Wichtig ist allerdings, dass die Arbeit mit Tieren nicht in Routine erstarrt.

Die für einen bestimmten Verwendungszweck gehaltenen Hauspferde dürften wohl vor allem dann mit sich selbst im Einklang sein, wenn sich der Mensch ihnen zuwendet und genügend Zeit aufbringt, um auf jedes Individuum subtil eingehen zu können.

Im Galopp. Vergnügen pur!

Der Lac Léman lädt zum Bade. →

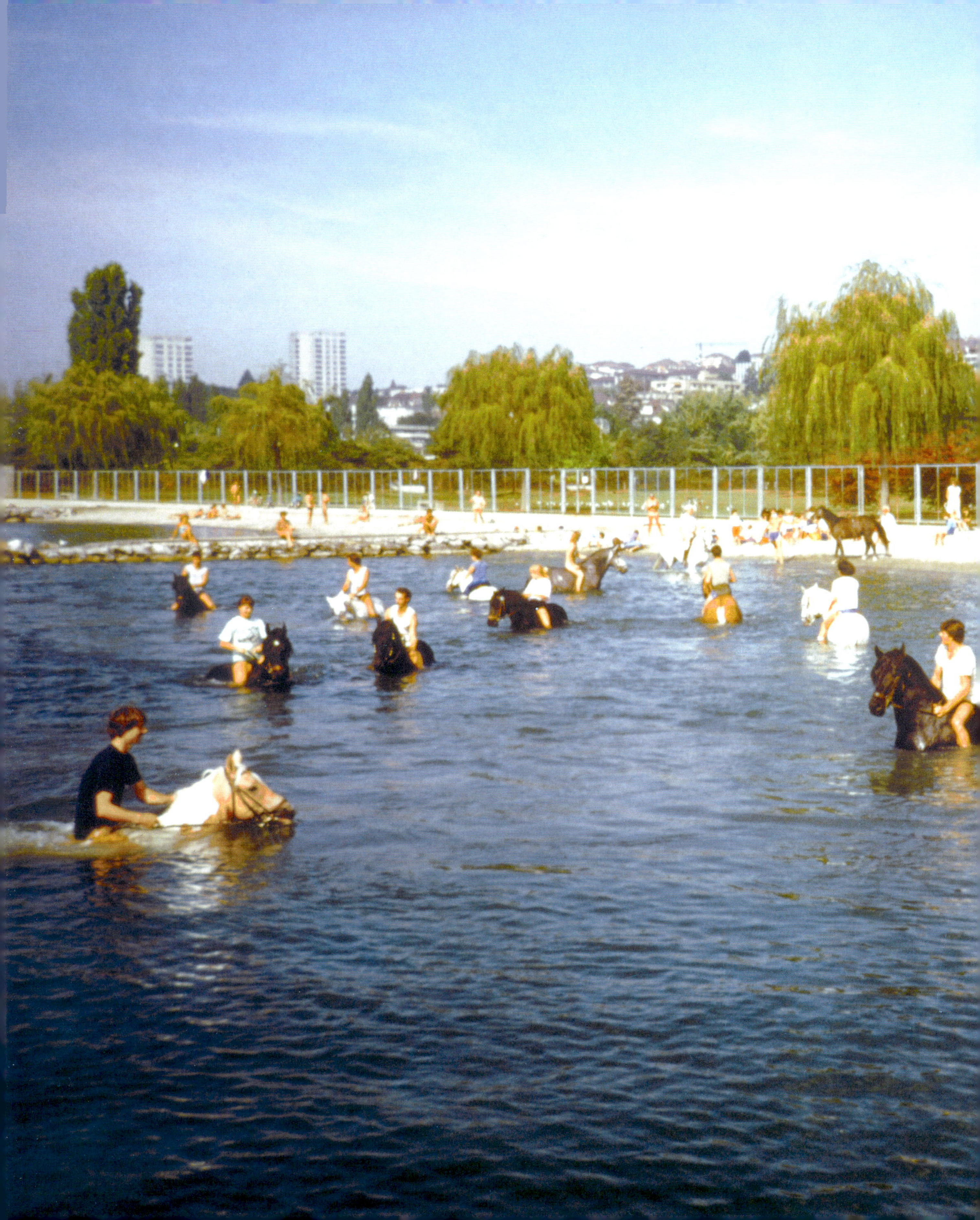

Gefragt und geschätzt: die alljährliche Veranstaltung «Rund ums Pferd»

Pferde sind sehr sensibel und lernen bereitwillig. Vorausgesetzt, man weiss, wie man mit diesen feinfühligen Wesen umzugehen hat. Eine einfache Sache, könnte man einwenden. Nicht doch, denn danach zu handeln, dem Vorsatz konsequent und kontinuierlich nachzukommen, gestaltet sich weit schwieriger.

Die Eingebung, eine Art «Akademie der Pferdeausbildung» ins Leben zu rufen, um sein Erfahrungswissen an Interessierte zu vermitteln, hatte Fredy Knie jun. dazu bewogen, 2010 erstmals eine Veranstaltung durchzuführen, die seinem ureigenen Anliegen entsprach: «Rund ums Pferd» bietet seither in den Wintermonaten Januar und Februar Kindern und Erwachsenen Gelegenheit, in der Reithalle in Rapperswil-Jona den Lektionen des Zirkusdirektors höchstpersönlich beizuwohnen. In einem didaktisch konzipierten und methodisch ausgerichteten Programm appelliert Fredy Knie jun. an das Verantwortungsgefühl seiner Gäste, wenn er von den Kursteilnehmerinnen und -teilnehmern Verständnis für die Verhaltensweisen des Pferdes fordert. Glaubhaft erklärt er dem Publikum, dass wir es sind, die dem Tier eine Leistung abverlangen – und nicht umgekehrt. Die Evidenz des Gesagten lässt keine Zweifel aufkommen. Pferdeausbildung im Dialog – eine thematische Veranstaltungsreihe mit klarer Zielsetzung; ein von Mal zu Mal beliebter werdendes Forum, in welchem unter reger Anteilnahme der Öffentlichkeit hippologische Fragen – eben Fragen «rund ums Pferd» – diskutiert und Erfahrungswerte ausgetauscht werden.

Lehren und lernen ...

Fachsimpeln mit Gästen
an der Veranstaltung «Rund ums Pferd».
→

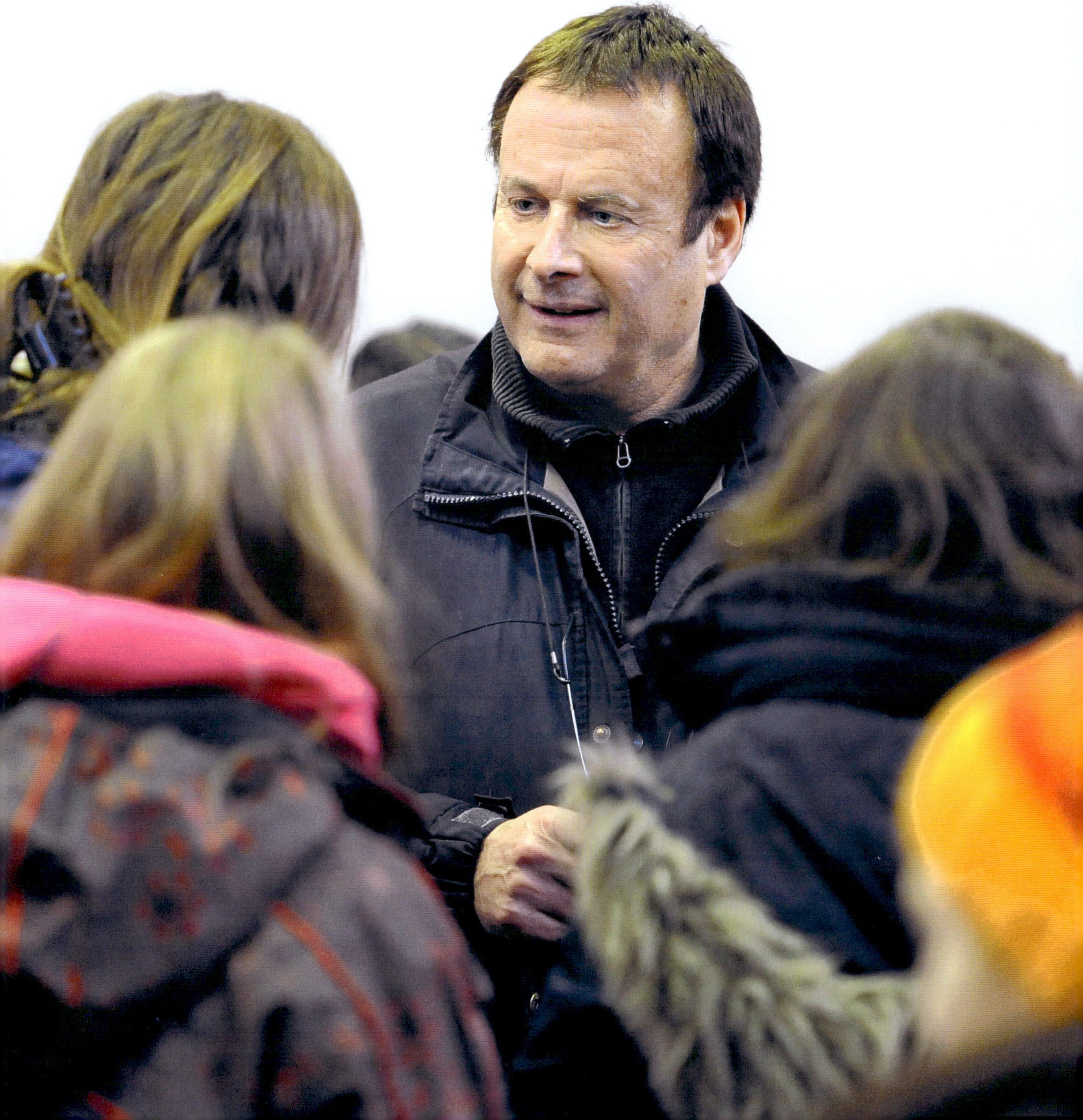

Rasse mal Klasse

Zirkuspferde müssen – vor allem – gefallen. Von ihnen wird erwartet, dass sie das Publikum in eine Art «Traumwelt» versetzen, als «Märchengestalt» in Erscheinung treten – der Leichtigkeit des Spiels Ausdruck verleihen. Diesen Anspruch erfüllen «Barockrassen» vortrefflich. Fachleute verstehen unter dem Begriff «Barockpferde» Vertreter jener klassischen Rassen, die dem Typus der Kriegs- und Paradepferde im Zeitalter des Barocks ähneln. Die an den Höfen der Adligen hauptsächlich zu Repräsentationszwecken verwendeten Pferde von ästhetischem Anblick waren in der auf Pomp ausgerichteten Epoche unverzichtbar.

Neben dem Drang, sich zu präsentieren – ein Antrieb, der allen Hengsten eigen ist – werden heute die «Barockpferde», fern der früheren prunkvollen Feste, wegen ihrer besonderen Charaktereigenschaften geschätzt. Im Circus Knie sind sie ein lebender Beweis für die langjährige Familientradition. Prädestiniert für die Hohe Schule, haben rückblickend zwei Botschafter iberischer Barockrassen in dieser Disziplin besonders brilliert: Parzi und Bolero. Zurzeit sind die aus dem Südwesten Europas stammenden Rassen **Pura Raza Española** und **Lusitano** vertreten.

Der **Holländische Friese**, ein Pferd anderer Provenienz, gehört ebenfalls zu den weitherum beliebten «Barockrassen». Der Körper grossrahmig und das Fell tiefschwarz – es werden ausschliesslich Rappen gezüchtet –, gelehrig und gehorsam, faszinieren Friesen in ihrer erhabenen Gestalt auch die Laien unter den Zirkusbesuchern. Das lange, sorgfältig gepflegte Mähnenhaar und der für diese Rasse typische Kötenbehang sind weitere Merkmale, die effektvoll zur Geltung kommen. Ob als Arbeitspferd im Dienste der Landwirtschaft oder als – in züchterisch «verfeinerter» Form – exzellentes Kutschpferd, ob im Fahrsport oder im «Barockreiten»: der Friese macht überall eine gute Figur. Fredy Knie jun. ist voll des Lobes. Kunststück, seine Friesen sind auch in der Manege überzeugende Allrounder. In der Freiheitsdressur wie in der Hohen Schule glänzen sie mit Bravour. Aus Verehrung hat ihnen der Tierlehrer Namen von Gottheiten der griechischen Mythologie verliehen.

«Klar im Kopf.» So lautet das unbestechliche Urteil von Fredy Knie jun. über die nachweisbar älteste Pferderasse der Welt. Feinfühlig in seinem Wesen hat der **Vollblutaraber** schon vor langer Zeit seinen Siegeszug um die Welt angetreten. Die Schimmelhengste unterschiedlichen Alters unterstreichen die Aussage des Zirkusdirektors mit jedem ihrer Auftritte; in seinem Unternehmen sind sie der Inbegriff der klassischen Freiheitsdressur.

Achal-Tekkiner: Ayache, unverkennbar an seinem in der Mitte des Rückens verlaufenden dunklen, schmalen Haarstreifen, dem Aalstrich, der Bestandteil der Fellfarbe ist. Ein selten schönes Pferd, das alle Blicke auf sich zieht, nur schon wegen des in allen erdenklichen Tönen und Schattierungen auftretenden goldschimmernden Glanzes, der sich auf der ganzen Leibesfläche widerspiegelt.

Die in England gezogenen, im Circus Knie ausgebildeten **Palominos** sind nach berühmten spanischen Malern benannt. Nach dem Zuchtziel, das in den Vereinigten Staaten von Amerika definiert wurde, wo diese Pferde ihre grösste Verbreitung gefunden haben, soll die Farbe des Felles möglichst mit derjenigen einer Goldmünze identisch sein. Dass auch Palominos, die das Blut mehrerer Rassen in sich vereinigen, selbst jedoch keiner Rasse angehören, im Circus Knie – genau: aufgrund der äusseren Attraktivität – seit Jahren einen festen Platz haben, darf niemanden verwundern.

Das **Belgische Kaltblut,** im Volksmund als «Brauereipferd» bezeichnet, ist für jene Artisten, die ihr Können auf dem Pferderücken demonstrieren, ein unentbehrlicher Partner. Die für die Genres Jockey- und Voltigereiterei ausgebildeten Tiere gelten als sehr verlässlich.

Ebenfalls zur Gruppe der schweren Kaltblutrassen gehört der **Boulonnais.** Die Züchter in Frankreich haben es exzellent verstanden, in diesem Pferd alle gewünschten Eigenschaften zu konsolidieren: Nervenstärke und Gutmütigkeit, Temperament und innere Ruhe. Es sind vorwiegend Schimmel (selten Füchse oder Braune), die als anmutige Vertreter dem «herben Kaltblut-Adel» zu einer Renaissance verholfen haben.

Fredy Knie jun. schaut beim Kauf der Pferde nicht auf die Papiere, sondern immer auf das Pferd. Vertrauensleute, Pferdehändler in Deutschland, Spanien und in den Niederlanden, unterbreiten ihm Angebote gemäss seiner Präferenz.

«Kleine Pferde sind auch Pferde.» Diesem hippologischen Grundsatz folgend werden im Circus Knie zur Freude des Publikums zudem **American Miniature Horses, Mini-Shetland- und Welsh-Ponys** gehalten und ausgebildet.

«Vollblutaraber sind klar im Kopf.»

Fredy Knie jun.

«Kleine Pferde sind auch Pferde.»

Fredy Knie jun.

Flamenco, Lusitano.

Ghazi, Vollblutaraber.

Velázquez, Palomino.

Onyx, Holländischer Friese.

Krystall, Belgisches Kaltblut.

Ayache, Achal-Tekkiner.

Malageño, Pura Raza Española PRE.

Spirit, englischer Pinto.

Mystico, Pinto-Araber.

Prinz, Tigerscheck-Pony.

Amadeus, Boulonnais; David, Mini-Shetland-Pony.

Dank

Dieses Buch haben finanziell unterstützt:

VICTORINOX AG, Ibach-Schwyz
Grüter-Handels AG, Buttisholz
HYPONA, Herzogenbuchsee
Fondation Bertarelli, Gstaad
Peter Herold, Männedorf
Lea Sauter, Zürich

Mein Dank geht an alle, die an der Entstehung dieses Buches mitgewirkt haben:

Chris Krenger, ehemaliger Pressechef und Betreuer des Circus-Knie-Archivs
Peter Küchler, Medienverantwortlicher, Circus Knie
Herbert Scheller, Leiter Marketing, Circus Knie
Kurt Müller, Kurator von Knies Zirkuszoo und Knies Kinderzoo
Katja Stuppia
Christine Oberbeck
Irène Fasel

Fredy Knie jun.

Impressum

© 2015 Gebrüder Knie, Schweizer National-Circus AG
3. Auflage 2015
ISBN 978-3-905289-14-5

Texte Irène Fasel, Rapperswil, und Kurt Müller, Zürich
Gestaltung und Bildredaktion Oberbeck AG, Zürich
Lektorat Irène Fasel, Rapperswil
Lithos und Druck Ostschweiz Druck AG, Wittenbach
Bindung Schumacher AG, Schmitten

Printed in Switzerland

Bildnachweis

(Name und Seitenzahl mit Bildnummer in Klammern)

24 Heures/Jean-Jacques Laeser 31 (1), Alain Bettex 98, André Häfliger 54 (4), Archiv Circus Knie 4 (1–3), 8 (1, 2), 13, 14 (1, 2), 15, 18 (4, 5), 31 (2), 34, 36 (1), 40 (1), 42 (1–4), 44 (1, 2), 45 (5, 8), 48, 49, 51, 54 (1, 2), 58, 59 (2), 60 (1, 2, 3), 61 (2, 4), 62, 64, 65 (2–4), 66, 68, 69 (1, 3), 70 (1–4), 74 (1), 78 (1), 79, 104, 118, 119 (2), 153, 166 (2), 168, 188 (2), 203, Bruno Torricelli 36 (2), 38 (2), Bündner Tagblatt/Theo Gstöhl 61 (3), Chris Krenger 35, 45 (9), 47 (2), 63, 69 (4), 72 (1), 72 (2), 73 (2), 78 (2), 86, 88 , 91 (2), 93 (1), 187, Christoph Grünig 107 (2), Christoph Stöh 105 (2), Christophe Chammartin/REZO 7, Comet Photo AG 8 (3), 73 (1), 105 (3), 170, CPA Strähle 160, 161, Danièle Traeber 18 (2), 19, 40 (2), Eduard Weckerle 89 (2), Elisabeth Weiland 37 (1), 69 (2), 186, Elmar Seidel 214 (1), Esther Schnellmann 25, 44 (3), 108, 109, 110 (2), 114, 115, 212 (1), Foto Baudert 157, Fred Merz/REZO 121, Fred Serex 21, 24, Geri Kuster 18 (1), 101, 102, 103, Hans Bertolf 39 (2), Hans Erni 20, 77, 80, 81, 83, 124, Harry Grauer 156, Heinz Christen 96, Jack Metzger 92, 93 (2), Jauslin 91 (1), Joseph Gorgoni 6, Jost Wildbolz 14 (3), 16 (1), 17, 94, 169, Katja Stuppia 10, 26 (1), 26 (2), 27, 28 (2), 44 (4), 75, 82, 110 (1), 127, 132–133, 135–151, 153 (2–6), 154, 155, 159, 162, 164 (1), 164 (2), 165, 166 (1), 167, 171–184, 191–202, 204–209, 212 (2), 213, 214 (2), 215–218, 220, Kurt Graber 85 ,89 (1), 97, 99, Kurt Haas 112, 113, Lothar Schmid 22, Marcel Grubenmann 106, Marco Danzi 189, Michel Comte 32, Mick Desarzens 74 (2), Nicolas Senn 46, Nicole Bökhaus 9, 11, 29, 33 (1), 43, Pascale Giger 41, 42 (5), 84, 105 (1), 107 (1), 117 (1–3), 120, 122, 123, 158, 185, 213, 215, 216–218, 219, Peter Küchler 59 (3), Privat 23 (2), 33 (2), 38 (1), 39 (1), Reza Khatir 87, Rob van Houdt 45 (6), 47 (1), 65 (1), 90, Robert Zumbrunn 31 (3), 67, Rolf Lehmann 100, Roy Beusker 57 (1, 2), Ruth Vögtlin 37 (2), Schneider-Press/Erwin Schneider 31 (4), Schweizer Illustrierte/Günther Kathrein 16 (2), 28 (1), Schweizer Illustrierte/Marcel Nöcker 23 (1), 119 (1), Schweizer Illustrierte/Rolf Edelmann 18 (3), Serge Fleury 45 (7), 55 (1, 2) Theo O. Krath 12 (1, 2), 95, 188 (1), Thierry Bissat 134, 152, 163, 219, Tom Kawara 111 (1, 2), Weltwoche/Ursula Litmanowitsch 61 (1), Will Dekkers 54 (3), 56, ZVG 52 (1, 2), 59 (1), 126

Die Fotografien wurden nach bestem Wissen zugeordnet. Leider war es nicht möglich, die Herkunft sämtlicher Bilder zu eruieren. Mögliche Falschzuordnungen bitten wir zu entschuldigen.

Chanel Marie Knie und Ivan Frédéric Knie
Sommer 2015

Chanel Marie Knie mit David und Gigolo während der Vorstellung.

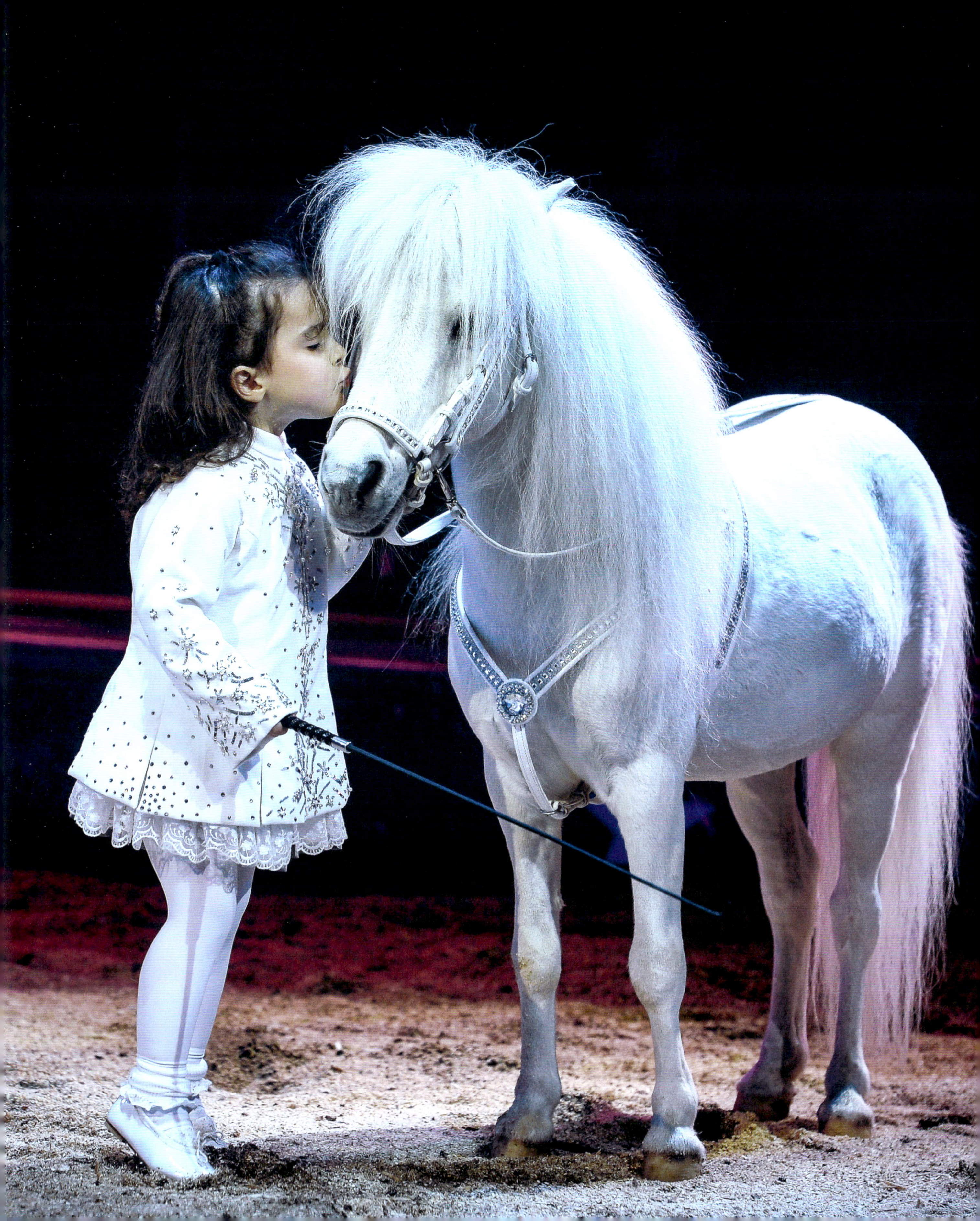

Chanel Marie bei der Arbeit.

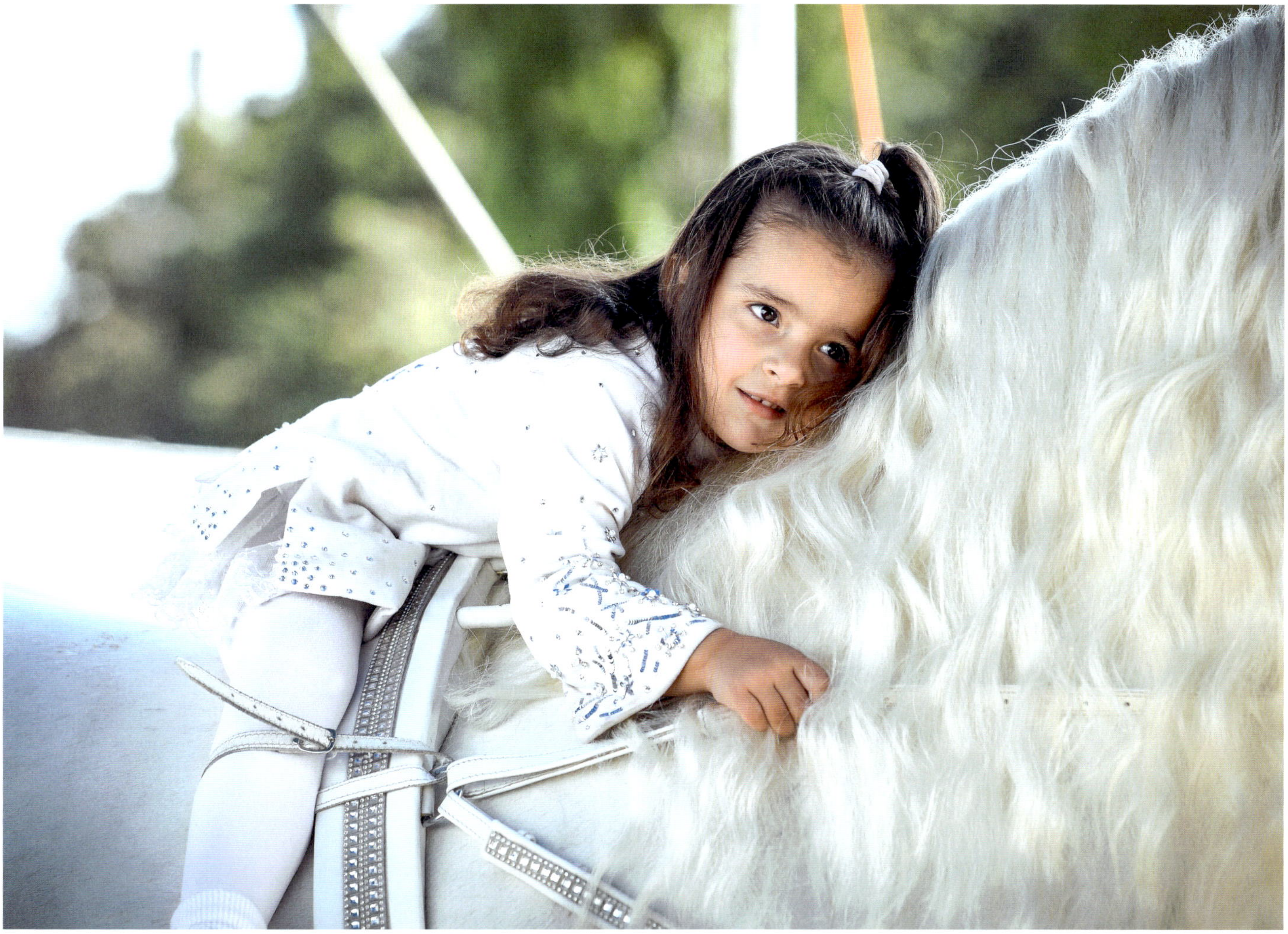

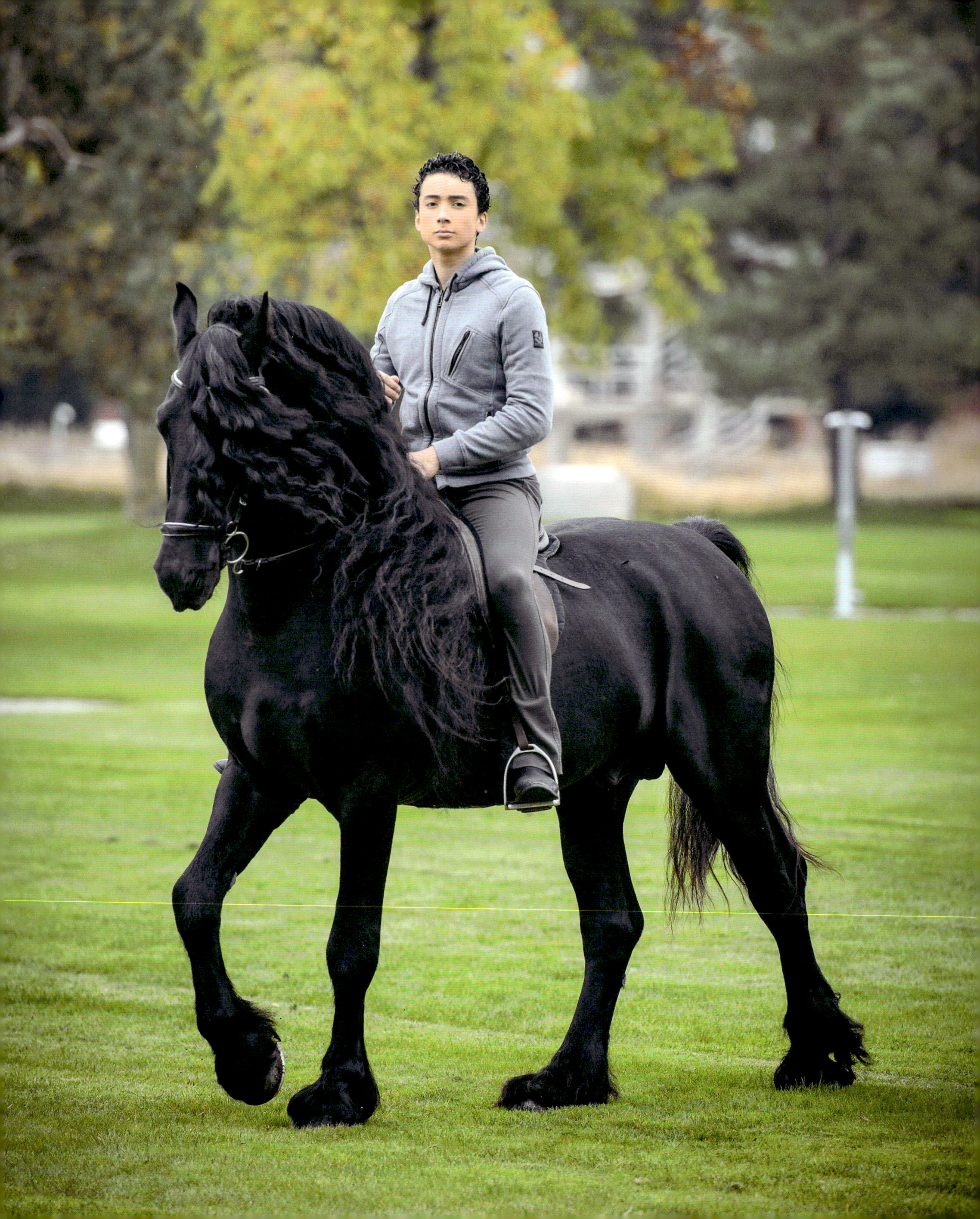

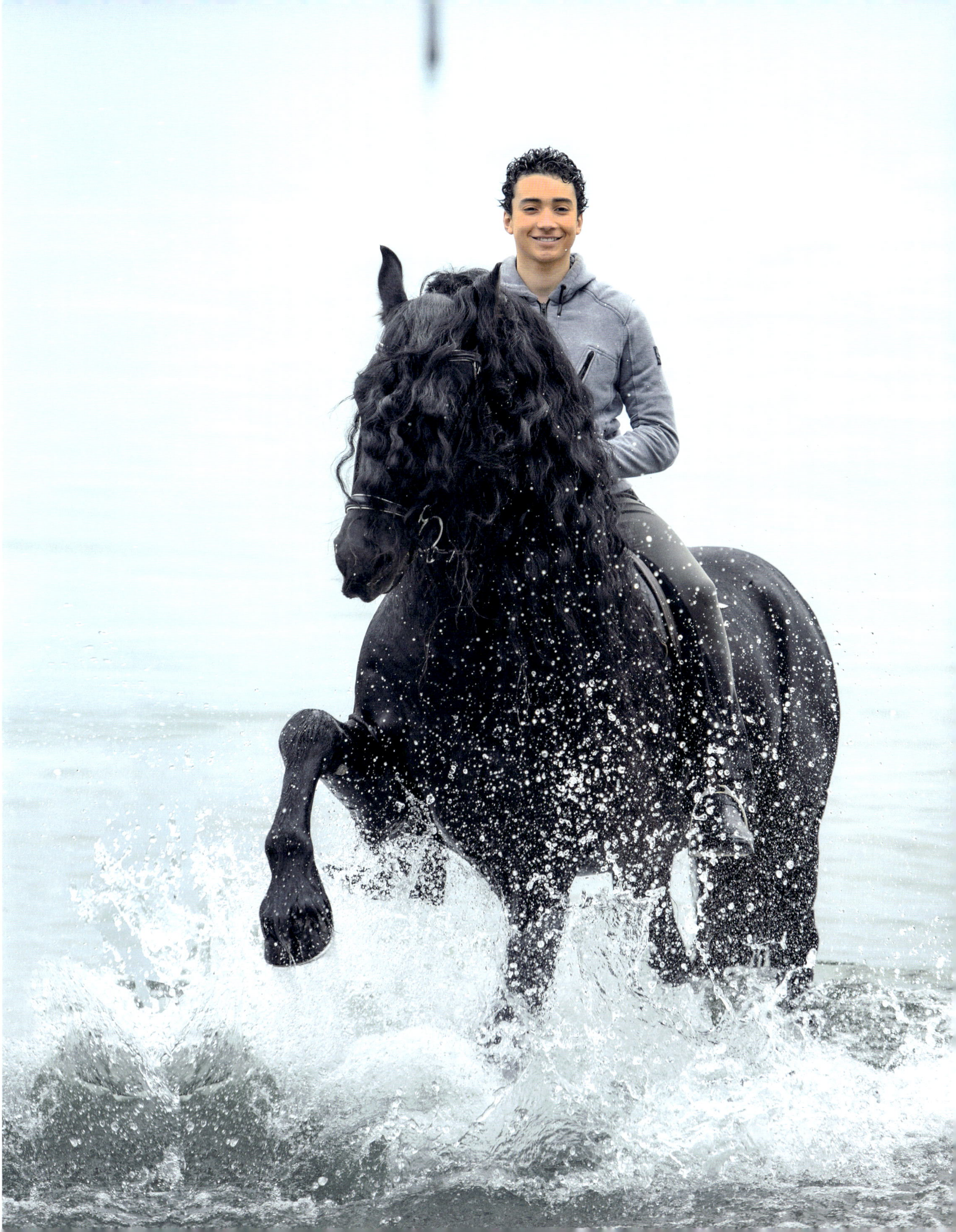

Ivan Frédéric Knie mit Evento.

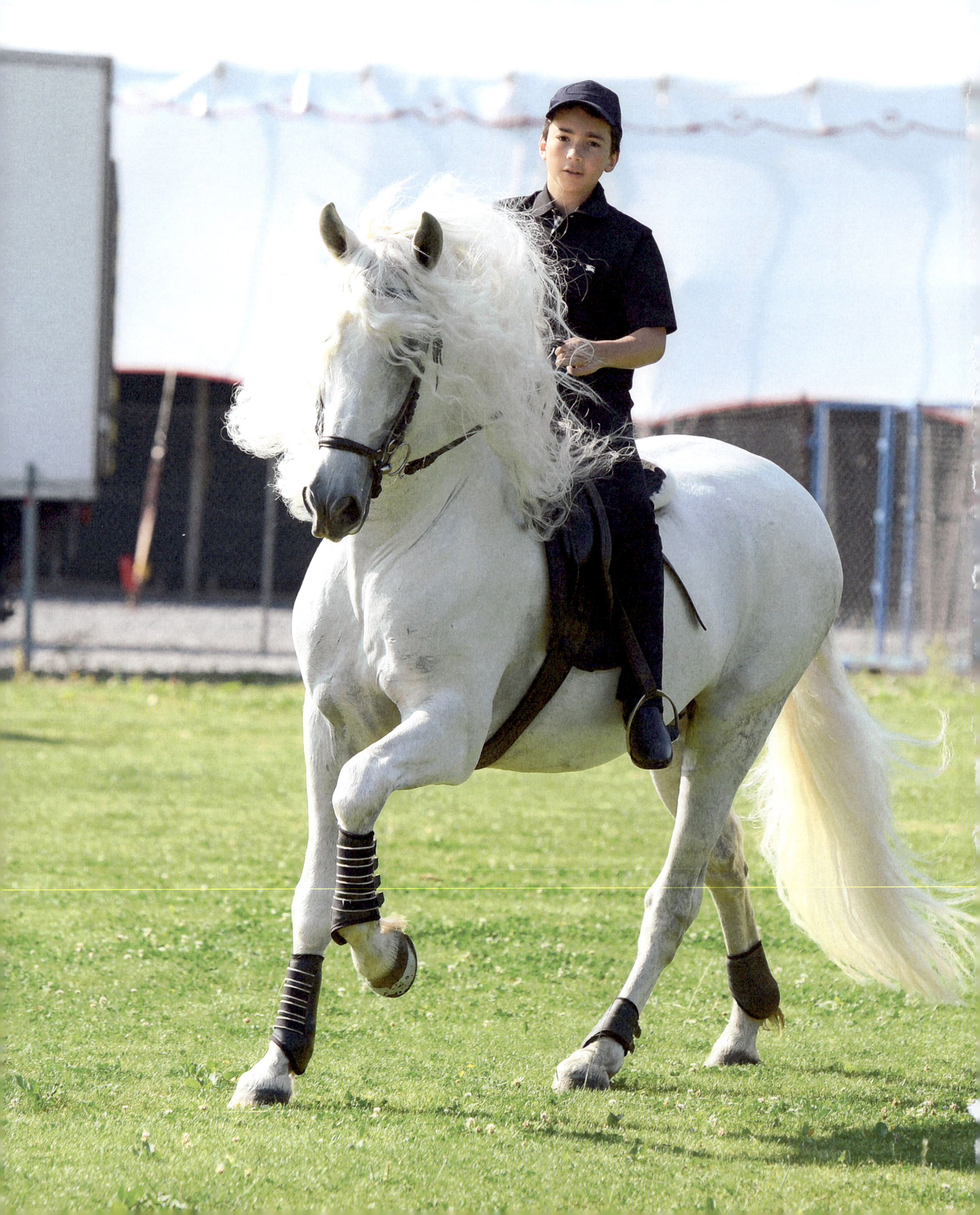